Huid del escepticismo

Christopher Derrick

Huid del escepticismo
Una educación liberal como
si la verdad contara para algo

Traducción de Marta González

Título en idioma original: *Escape from Scepticism. Liberal Education as if Truth Mattered*

© Herederos de Christopher Derrick
© Ediciones Encuentro S.A., Madrid 2025
Traducción de Marta González

Colección Nuevo Ensayo, nº 160

Fotocomposición: Encuentro-Madrid
Impresión: Cofás-Madrid
ISBN: 978-84-1339-217-2
Depósito Legal: M-255-2025
Printed in Spain

Para cualquier información sobre las obras publicadas o en programa
y para propuestas de nuevas publicaciones, dirigirse a:

Redacción de Ediciones Encuentro
Conde de Aranda 20, bajo B - 28001 Madrid - Tel. 915322607
www.edicionesencuentro.com - info@edicionesencuentro.com

ÍNDICE

*Al Dr. Ronald P. Mc Arthur y a los
estudiantes y profesores del Thomas Aquinas
College de Calabasas, California*

NOTA DEL AUTOR

Debo pedir a un sabio amigo y mentor que me perdone por haber utilizado su subtítulo sin permiso adaptándolo para mis propios fines. Como reparación, me gustaría hacerle publicidad gratuita. A todos los que se interesen por el tema de este libro les recomiendo: *Lo pequeño es hermoso: una economía como si la gente contase para algo*, por E. F. Schumacher, 2.ª parte, capítulo 1.

NOTA DEL EDITOR

El subtítulo de esta obra, como el mismo autor declara a modo de «agradecimiento y dedicatoria», retoma el subtítulo de *Lo pequeño es hermoso*, la obra más conocida y difundida de Schumacher[1].

Si la figura de Schumacher nos evoca la imagen de una alternativa radical a la forma actual de organización de la vida humana y, especialmente, económica, un primer acercamiento a *Huid del escepticismo* podría evocar, más que la idea de una alternativa, la locura del retorno a un pasado inmerso en los verdes prados de Oxford, a la sombra de almenados y seculares dogmas.

Sería suficiente conocer la profunda amistad y colaboración entre Schumacher y Derrick para ponernos en guardia frente a tan aireada interpretación. Sin embargo, será la lectura —por lo demás placentera— de este texto, la que nos permitirá captar no solo la cercanía de ambos escritores, sino la presencia misma en el discurso de Derrick, desarrollado en un lenguaje netamente inglés (por no decir netamente sencillo, a causa de nuestro hábito para la agotadora gimnasia de los «distingos» entre los diferentes códigos académicos), de algunos elementos que subyacen, en la raíz, como

---

[1]   Curiosamente, el tal subtítulo ha desaparecido en la edición española en la obra de Schumacher: ¿un simple lapsus de su editor?

rasgos del mismo discurso schumacheriano. Derrick polemiza con el «Relativismo», dentro de la tradición de su gran maestro C. S. Lewis y, junto a él, de Chesterton y del padre de esa divertida y serísima pandilla de pensadores anglosajones que, además de los citados y de otros muchos, cuenta con escritores como Williams y Belloc: es decir, J. H. Newman.

Derrick se basa en el caso de un «anacrónico» *college* de la costa Oeste de los Estados Unidos que, curiosamente, no está impregnado por el clima de escepticismo que domina en la enseñanza universitaria americana. Por consiguiente, el autor se refiere fundamentalmente a los EEUU y a sus *colleges*, que constituyen una forma canónica de organización de la vida universitaria en ese país. En nuestras latitudes no hay nada comparable: podríamos decir que se trata de un primer ciclo universitario, en el que se obtiene una graduación básica polivalente. Muchos de ellos son «libres», es decir, los hay católicos, protestantes, judíos y laicos, etc. Aconsejamos al lector español poco familiarizado con el sistema universitario anglosajón que se imagine además unas universidades donde los estudiantes viven en régimen de internado.

Otro elemento a aclarar es el término «educación liberal», que Derrick se plantea como tema central: el adjetivo «liberal», en este caso, no tiene nada que ver con el partido liberal norteamericano, ni con cualquier otro partido, grupo o club liberal de otra nación, incluidos los españoles. El concepto anglosajón de «educación liberal» viene de la tradición humanista medieval europea, y por tanto no debe confundirse en absoluto con el uso partidario actual del término «liberal» aplicado a la economía y la política.

El amor por la paradoja, que Derrick alterna con la referencia continua al «sentido común», no debe alejar al lector del núcleo central del problema, que afecta también a nuestro propio mundo universitario. Y lo afecta de forma especial hoy, cuando se resiente de la así llamada decadencia de las ideologías, frente a la que los líderes de la opinión pública y, con ellos, gran parte del mundo académico, parecen decididos a cabalgar sobre el viejo jamelgo del relativismo, como la posición más progresista que se pueda seguir.

Al hablar justamente contra este progreso, el discurso de Derrick ofrece blanco a la crítica fácil de quien, colgándose el cartel científico del relativismo, se ha exiliado de todo compromiso con el hombre y con la historia.

El absolutismo relativista se convierte en el lecho de Procusto más intransigente que pueda haber contra la libertad de pensamiento que Occidente ha producido, pues se opone a su tradición y vocación a una visión cierta del hombre y su destino. La libertad y la educación para la libertad nacen, según Derrick, de la experiencia cristiana vivida y meditada.

Solo puede darse una educación libre a partir de un sentido cierto de la vida.

Finalmente, estamos convencidos de que muchos apuntes críticos sobre la universidad, sobre su vinculación con el poder económico, sobre la mercantilización del saber y la instrumentalización de las instituciones, presentes en los primeros movimientos estudiantiles del 68, se ven aquí claramente revalorizados más que refutados. Valga esto para subrayar que el actual relativismo que se hace pasar por progreso, no es fruto de aquella revuelta estudiantil, sino la pesada recuperación de un sistema contra el que los estudiantes se rebelaron en el 68.

I. LA CONDICIÓN ESTUDIANTIL

En esta mañana fría y brumosa, estoy aquí sentado a la orilla del lago. El agua está en absoluta calma y refleja perfectamente la sombra de aquel pequeño puente.

¡Qué agradable es que los buenos y atontados patos vengan a mover sus plumas y graznar a mi alrededor! Me gustan los patos, me identifico con ellos: creo que me sería imposible comerlos. Ahora, en esta tranquila mañana californiana, me divierto eligiendo nombres románticos para cada pato que me hace compañía: Florestán, Eusebio, Sofonisba. En este mundo perplejo y desconcertado, hay algo de reconfortante en la clara objetividad de su existencia. Nos podemos fiar de un pato.

Pero incluso en este bello lugar, en esta agradable compañía, la incertidumbre de este tiempo desesperanzador puede abrumar a veces y aterrorizar el espíritu. ¿Son estos patos *realmente* reales y dignos de fe? ¿Existe algo real? ¿Existe esa cosa que llamamos «verdad» o «realidad»? Y, si existe, ¿podemos captarla, o estamos condenados a una vida de radical escepticismo y de perpetua incertidumbre?

Quizá debería hacer que estos pensamientos salieran de mi mente, incluso a la fuerza si fuera preciso. «Por ahí está la locura».

Pero, de hecho, nos pueden llamar peligrosamente la atención y no solo porque filósofos respetados hablen sobre ellos: todos nosotros hemos preguntado cuestiones semejantes desde la niñez y no solo con el lado más lunático de nuestras mentes. Alguien ha definido la filosofía como aquello sobre lo que los niños preguntan hasta que los padres, hartos, les dicen que no sean tan tontos. La definición no es del todo mala. Mamá, ¿dónde se ha ido el ayer? Mamá, ¿por qué *yo* soy «yo»? Mamá, ¿los sueños son realidad? ¿Es un sueño la realidad? La «verdad» ¿es verdadera? Y esto, *¿tiene alguna importancia?*

Son preguntas importantes y mucha gente las responde escépticamente. No muy lejos, en otros campos, hay filósofos muy eruditos que lanzarían serias dudas sobre mis queridos patos. Después de todo, ¿qué *es* un pato?, ¿existe, *es,* o se trata simplemente de una apariencia momentánea en el flujo interminable del devenir? Quizá sea algo que yo invente por razones que mi mente consciente desconoce, un constructo condicionado tribalmente que parte de datos sensoriales inciertos. O es, quizá, algo real, pero tan existencialmente único que no debería verlo (como de hecho sucede) como un pato entre otros patos. ¿Necesitaré descubrir o inventar una especie de *Patolandia* universal, un *Enteheit* ideal eternamente entronizado en algún cielo platónico y que toma cuerpo imperfecto en cada una de las formas emplumadas que están delante de mí?

Todo esto es muy complejo, y no deberíamos culpar a los filósofos por interferir en el simple sentido común que rige la existencia de las cosas, como si la cuestión no nos hubiera importado hasta que ellos no se metieron por medio. Todos los hombres encuentran la realidad desconcertante; los filósofos ponen este desconcierto en palabras de manera útil. Solo me empieza a preocupar cuando intentan resolver el problema con respuestas nihilistas y absurdas.

Ahora alzo la mirada y, tras la forma redondeada del árbol que se estremece con la vida de los pájaros, veo algunos estudiantes. Me sorprendo de nuevo al mirarlos. No responden ni remotamente a la imagen o estereotipo que un estudiante debe tener: desilusionan lamentablemente todas mis expectativas. Tanto porque están discretamente vestidos y se comportan con corrección, aunque casi siempre con alegría y a veces con alboroto en el mejor sentido, como, también, porque demuestran una dedicación y esperanza insólitas, creyendo a fondo en el valor de lo que están haciendo en este *college*. No es porque crean que han encontrado una vía fácil para el «éxito» económico y social, pues sus estudios aquí son duros y se relacionan muy poco con la adquisición de las capacidades apreciadas en el mercado. Su confianza es de otra clase. Reconozco, entre el grupo que estoy observando, a uno o dos estudiantes con quienes estuve hablando la noche pasada hasta el amanecer, y lo que recuerdo es su profunda confianza en la realidad y en la razón, su convicción de que la mente humana puede captar realmente la verdad y que el esfuerzo exigido en esta tarea se justifica sobradamente.

«Realidad», «verdad»: estas ingenuas y viejas palabras provocarían un escéptico e irónico alzamiento de cejas en muchos campus universitarios. Aquí no.

Estos estudiantes no van, además, a quemar la biblioteca o a «protestar» de alguna otra manera, como ha sido la moda dominante en tiempos recientes y que aún perdura; van a Misa, aunque nadie les obliga. Y, se crea o no, la Misa va a ser casi en su totalidad en latín, y en obediencia total a la disciplina de esa Roma distante y antiamericana; aún peor, esos jóvenes saben latín *ahora* y pueden participar en el culto eclesiástico en la antigua lengua del Occidente cristiano. Están creciendo sencilla y naturalmente para formar una ciudadanía más amplia que la de California. ¿En qué clase de monstruoso mundo me he metido?

Floristán, Eusebio y Sofonisba están chapoteando alegremente y hacen que tiemble la imagen reflejada del puente. Estos patos no parecen tener ninguna duda sobre su existencia real. Deben tener más sabiduría que en las academias.

Podría no ser mala idea que me levantara y me uniera a la Misa de esos estudiantes desviacionistas.

¿Qué estoy haciendo en este campus? ¿Por qué un inglés de mediana edad, crítico literario de profesión; autoindulgente en sus costumbres personales; que, por lo tanto, tiende a ser insolvente y algo gandul, por qué ese hombre se encuentra a seis mil quinientas millas de su casa, sentado junto a un lago californiano, maravillándose de algunos estudiantes cuya formación, cuyas preocupaciones personales y cuyos problemas están casi a seis millones quinientas mil millas de distancia de los suyos propios?

¿En qué clase de mundo me he metido? Y ¿por qué?

La Misa ha terminado, aunque muchos estudiantes se han quedado en la capilla para ulteriores devociones personales. Salgo despacio, lleno del Sacramento; en mis oídos resuenan palabras arcaicas que retroceden hasta las raíces de nuestra civilización.

¿Nuestra civilización? ¿Qué es eso y dónde se encuentra? ¿Tenemos realmente algo de ese género? Si así fuera, ¿está en condiciones de ser transmitida a la próxima generación? ¿Y *cómo*?

Preguntas desconcertantes para un mundo complejo. Estoy aquí porque, en una breve visita anterior, me pareció que detectaba algún indicio de respuesta para ellas. Dicho con más precaución aún: pensé que estos estudiantes me servirían como pretexto o punto de partida para una larga y concienzuda meditación que podría, quizá, llevarme a algún lugar. Su condición, su esfuerzo, sugerían que el concepto de «educación liberal» podía ser reconsiderado nuevamente. Surgirían entonces varias preguntas de orden filosófico y también varias preguntas de orden religioso. Algunas podrían, incluso, encontrar respuesta.

Me siento arrastrado a esa búsqueda, aunque también me asusta. Probablemente mis motivos debieran ser puramente intelectuales, y brotar únicamente de una pasión por la verdad, cosa que realmente importa; pues, aunque no soy filósofo, tengo un intelecto de esa clase. Pero también soy un padre preocupado a nivel práctico y terrestre por el problema de la educación, el problema de lo que una generación pueda útil y amorosamente transmitir a la siguiente, y por la forma de hacerlo. ¡Uno quiere tanto a sus hijos! ¿Qué se les puede dar que les sirva para un futuro tan amenazador?

> Las ventanas del mundo están empañadas de lágrimas
> y las dificultades vienen del oeste como grandes nubes.

¿Cómo se les puede ofrecer una tranquilidad honrada? ¿Qué seguridad les podemos dar, en un momento en el que muchas de nuestras mentes más agudas plantearían dudas sobre la existencia reconocible de un pato, cuando las universidades, que indudablemente deberían ser los faros que guiaran a nuestra sociedad y los puntos focales de su sabiduría, parecen ser más bien centros de escepticismo, desesperación y desamor?

En cualquier caso, este *college* no tiene tal carácter. He visitado muchos *colleges* y universidades, y mantengo estrechas relaciones con algunos, en los Estados Unidos y en otros lugares: aquí, lo primero que me llamó la atención fue la extraordinaria alegría de sus estudiantes.

No puedo evitar el considerar estas cuestiones ante todo desde el punto de vista de un padre; y de un padre en estado habitual de ansiedad por la frágil felicidad de los jóvenes. ¡Son mucho más vulnerables de lo que piensan! Esto se puede olvidar, naturalmente, y dedicarse a alimentar bellas ilusiones sobre la absoluta felicidad en que vive el joven adulto, especialmente el estudiante.

> El novato baja lentamente de las nubes
> enamorado de todo lo que ve,
> observa sus carreras en el cielo otoñal
> mientras respira una brisa vital.

¿No debería ser lírica e idealmente feliz? Después de todo, está despreocupado, sin responsabilidades externas; es un privilegiado, en cierto modo; se dedica a estudiar cosas que deben ser fascinantes; tiene el mundo a sus pies; y, sobre todo, es *joven*. Pero un recuerdo honrado nos dirá que las cosas no eran tan doradas, ni siquiera en nuestros lejanos tiempos: la juventud puede ser una especie de infierno y la tasa de suicidios en las universidades ha sido siempre muy elevada. Nunca se ha garantizado la felicidad del propio hijo por el hecho de mandarlo a la universidad.

Y, aunque pida toda clase de disculpas por mis errores de perspectiva y parcialidad informativa, parece innegable que el panorama universitario ha estado marcado —durante los últimos veinte años, más o menos— por un grado bastante elevado de tensión y de amargura. El *college* es un lugar bastante menos feliz de lo que solía ser: la tópica angustia de los padres tiene una razón de ser más consistente.

Pero no es necesario sacar las cosas de quicio. En los años sesenta había quien decía que la «agitación estudiantil» y los «desórdenes en la universidad» eran fenómenos nuevos y sorprendentes. Eso no era cierto. Los jóvenes —y especialmente quizá los jóvenes *inteligentes*— han sido siempre algo inconformistas, algo díscolos de vez en cuando, un poco fariseos y ruidosos en sus críticas hacia el comportamiento y el mundo de los mayores. En el mejor de los casos, esto ha servido de crítica muy útil; en el peor, los jóvenes se han comportado como debemos esperar que se comporte la pecadora naturaleza humana, a una edad con potentes energías físicas e intelectuales, todavía sin el gobierno de una amplia experiencia de la condición humana y de sus limitaciones.

Si el estudiante moderno tiende a demostrar sus pasiones, a denunciar, a actuar con violencia, se está comportando de una manera muy tradicional: hace lo que hicieron sus predecesores en la Bolonia del siglo XIII, en el París de Tomás de Aquino y, más tarde, de Ignacio de Loyola o en las sangrientas confrontaciones entre Town y Gown en el Oxford medieval.

Dicho esto, parece que en nuestro tiempo hay una nueva amargura, una nueva desesperación: hoy, en la mayoría de los campus ingleses o americanos, parece que el estudiante está expuesto a unas presiones excepcionales tales, que empujan a unos hacia la droga y utilización narcotizante del sexo, a otros hacia la violencia mezquina, hacia el revolucionarismo extremado o a la aceptación de la gris mediocridad pequeño-burguesa y, a muchos, al suicidio. Incluso en mi universidad —Oxford, «ciudad fuerte y frondosa entre las torres»— el nuevo tipo de «estudiante» furioso parece haber acabado con el antiguo estilo del «no-graduado», con sus chaquetas de *tweed* y su enorme pipa, sus fiestas de lectura en Black Forest y, quizá, con el atrevido gorro de un guardia la noche de la Regata. Las torres, e incluso muchas de las ramas, permanecen; pero el Oxford del sagrado y quizá sentimental recuerdo, de *Sinister Street y Brideshead Revisited,* ha desaparecido, «sumergido ahora y arrasado, irrecuperable como Lyonesse; tan pronto han llegado las aguas de la inundación». Incluso entre aquellas viejas piedras y aquellas campanas que siguen dando las horas, el espíritu de bárbara amargura parece haber encontrado su lugar: es un fenómeno universal, o está llegando a serlo.

Hasta cierto punto, es un fenómeno general de la cultura del siglo XX, y no solo de la universidad y de los *colleges*; y, si su versión estudiantil ha llamado más la atención estos últimos años, es que han podido existir razones especiales para ello. Se puede señalar, por ejemplo, el enorme tamaño de demasiadas universidades actuales y su consiguiente despersonalización, especialmente en los Estados Unidos. El joven abandona el colegio de enseñanza media lleno de bellas ideas y con una fuerte convicción de su posición central en el universo: se imagina que va a una fuente de conocimiento y de sabiduría, sueña (quizá) con entrar a formar parte íntima de una comunidad adulta, y hasta conoce los nombres de eruditos y científicos de fama mundial que son sus mayores y se convertirán en sus primeros ornatos. Sin embargo, demasiado a menudo se siente como una rana minúscula en un estanque absurdamente grande, apartado y empujado por un millón de ranas, enseñado (en realidad) por jóvenes profesores graduados recientemente, y solo encuentra aquellas mentes excepcionales en rarísimas ocasiones y a una gran distancia de trato. Es probable que padezca un triple shock. El primer impacto es el social: descubre que la universidad es una multitud y no una comunidad. El segundo impacto es el educacional: se le ofrece una enorme posibilidad de opciones académicas, a la vez que una idea muy limitada de la relación que tienen unas con otras, o con los problemas del estudiante y de su mundo. Y el tercer impacto es el filosófico. Estaba lleno de presunción y seguridad cuando llegó a la universidad: después de todo, era un hombre muy joven. Pero tenía en su mente la edad inmemorial, la dignidad y el prestigio de la institución académica, aunque quizá no muy conscientemente: esperaba sabiduría, esperaba respuestas. Ahora descubre que los mayores no parecen saber moverse mejor en el universo que él mismo cuando era pequeño. La mayor sabiduría que la universidad le puede enseñar es que no hay sabiduría.

Si, en esta situación, se vuelve turbulento y nihilista, estoy absolutamente de su parte; esto es: si el universo tuviera efectivamente el carácter que el escepticismo dominante le atribuye ahora, si cosas tales como la verdad y los valores objetivos no existieran, si los seres humanos no tuvieran naturaleza o destino especial, más allá del que cada cual se pueda inventar, entonces sería absolutamente racional reaccionar ante ese universo con un espíritu de desafío anárquico y comportarse consecuentemente en el campus. Pero no todos los estudiantes han llegado hasta ese punto: los movimientos de los años sesenta fueron excesivamente tratados por los medios de difusión y parecen haberse calmado considerablemente en el momento en que escribo esto. Aun así, es escasamente sorprendente que el estudiante de hoy comience a cuestionarse el valor de toda la labor educativa y académica en su conjunto, de sus objetivos y de sus medios inmediatamente desconcertantes. Sabe, aunque vagamente, que está aquí para emprender una especie de larga iniciación, una graduación para entrar en la sociedad plenamente adulta. Pero, en ciertos aspectos, su situación es menos afortunada que la de sus tribales y «primitivos» antepasados. ¿Existe de hecho una sociedad adulta y coherente a la que pueda respetar, de manera que su graduación para ella pueda ser un objetivo que merezca la pena? Aunque la vieja generación pueda enseñarle técnicas y muy eficientemente, ¿es capaz de ofrecerle algo que se parezca a la reconocida y plausible sabiduría tribal? Aparte de las numerosas e inconexas formas de *pericia* asociadas a sus campos específicos, ¿hay algún sentido real en el que todos esos innumerables profesores sepan lo que están haciendo?

No se puede recriminar al estudiante si responde negativa o escépticamente a estas preguntas, si comienza a considerar su educación universitaria en términos claramente cínicos, como mero medio de promoción personal y nada más, como modo de conseguir un trabajo mejor pagado, y que olvide las bellas palabras acerca de lo que debería ser una educación idealmente «liberal». Quizá llegue incluso a considerar toda la amplia industria educativa como una especie de estafa o una burla, o quizá como un ídolo o una vaca sagrada. Personalmente, he sospechado a menudo que la educación es uno de los grandes dioses falsos —*faute de mieux*— adorados por nuestra sociedad sin dios: mucha gente habla como si el simple hecho de hallarse en un aula, escuchando a alguien que hable sobre algo y con algún fin, tuviera un valor místico. En abstracto, el conocimiento es, sin duda, mejor que la ignorancia. Pero, en cada caso concreto, quisiera conocer mucho mejor el tema antes de estar de acuerdo con que determinada situación y experiencia sean deseables. A menudo sí es bueno; pero, a veces, es una absoluta pérdida de tiempo y, en ciertos casos, algo mucho peor. Al gran dios de la Educación no le vendría mal cierta dosis de crítica y de contestación: parece disponer de una lealtad bastante mayor de la que se merece.

Tal y como están las cosas hoy, tiene una autoridad total; y por ello surge un choque violento entre los deseos de los estudiantes y los fines a los que los *colleges* y universidades —en sus mejores momentos— pretenden servir. ¿Quién es el culpable de esto? Es bastante fácil culpar al estudiante: evidentemente su posición es un poco falsa, pues, aunque no desea la mercancía específica que le ofrece la educación superior, se siente, por otro lado, obligado a obrar de acuerdo con las reglas de la oferta y la demanda. Sin embargo, no se le puede culpar de esta falsedad; en parte, es culpa de los padres y enseñantes y, en parte, es culpa de toda la sociedad, especialmente de los que, en su día, le ofrecerán empleo, quienes, por pereza, piden títulos de graduado, ya que no pueden tomarse la molestia de evaluar personalmente a los individuos que tienen delante. A veces, podemos culpar a los políticos. Aquí, en los Estados Unidos, por ejemplo, la «revuelta estudiantil» alcanzó su cenit —o, al menos, recibió la máxima publicidad— en el momento del compromiso más fuerte en la guerra del Vietnam. Solo alguien muy cínico negaría que gran parte de la protesta estudiantil contra aquella guerra tenía motivaciones morales e idealistas. Pero, a la vez, solo alguien sumamente inocente dejaría de ver la relación existente entre el derecho a la excedencia de leva del que los estudiantes gozaban y la asistencia masiva a los campus universitarios de infinidad de jóvenes indiferentes u hostiles a todo lo que la universidad pudiera ser, hacer u ofrecer.

Pero este es solo un caso extremo de un fenómeno mucho más amplio. En todo el mundo, los jóvenes están entrando en universidades y *colleges* por razones que tienen poco que ver con la pura vocación para los estudios superiores. Se convierten en estudiantes casi a desgana, forzados por sus profesores o sus padres, para cualificarse en un trabajo mejor pagado o, sencillamente, como modo de retrasar el gran problema de qué hacer con la vida, alargando entretanto unos años más la irresponsabilidad de la niñez. Pero la oferta y la demanda están dolorosamente desequilibradas, y aun cuando la universidad se pliegue a vender aquello que los jóvenes desean, o creen desear, es inevitable la existencia de mucha tensión y amargura.

He visto esa tensión y amargura en muchos sitios: fue su ausencia lo que me llamó poderosamente la atención, cuando vine por primera vez a este insólito campus de California. Aquí —pensé, al principio solo con la mente compasiva del padre—, hay algo que vale la pena examinar más de cerca.

¿Por qué estos estudiantes son diferentes de un modo tan evidente? ¿Cuál es la base de su felicidad, de su confianza y (quizá sobre todo) de su esperanza? No puede ser una garantía de éxito mundano: son tiempos inseguros para todos, la mayoría están lejos de ser ricos y el tipo de educación que reciben aquí es —si la valoramos basándonos estrictamente en los principios de ambición puramente profesional o financiera— un poco absurda. Se lo dicen sus amigos en casa. ¿Filosofía? ¿*Teología?* ¿Vas a ser cura (o monja)? ¿No? Entonces, ¿para qué *sirve?* ¿Estás loco?

Algunos de ellos (lo sé con certeza) responderían que este tipo de educación les ayuda a ser hombres y mujeres libres en una sociedad de esclavos.

¡Qué forma de hablar tan tonta y arrogante! Viven en un país libre; la esclavitud es cosa del pasado.

Espere, tenga paciencia. Aquí podría haber algo cierto. Sentémonos a discutirlo a la orilla del lago, mientras esos estudiantes locos se esfuerzan por interpretar a Aristóteles y a santo Tomás en las aulas cercanas.

II. UNA EDUCACIÓN PARA LA LIBERTAD

En este libro quiero llevar a cabo un meditado examen de lo que debiera significar y ser la «educación liberal», en el contexto de algunas cuestiones más fundamentales principalmente relacionadas con los «*colleges* de artes liberales» que encontramos en los Estados Unidos.

Cualquiera que emprenda una tarea de este género, con mi visión particular, deberá comenzar por la semántica, considerando lo que se *entiende* con el adjetivo «liberal». Puede parecer una cuestión bastante sencilla a primera vista. Utilizada en un contexto político o económico, es una palabra que tiene un significado acordado más o menos claro, aunque los ingleses la utilicen con un matiz sencillamente distinto del de los americanos y esto pueda provocar incomprensiones y malentendidos en ambos lados del Atlántico. Cuando cambiamos de tema y empezamos a hablar de «artes liberales» o de «educación liberal», damos a tal adjetivo un significado completamente distinto, pero siempre claro y admitido: estamos discutiendo sobre un campo de actividad y estudio ampliamente «cultural», que abarca desde las bellas artes, por un lado, a las ciencias y la tecnología, por el otro.

La división semántica entre los dos significados del término es total hoy día. La expresión «educación liberal», usada en Inglaterra, no significa, en lo más mínimo, una educación basada en los

27

principios (cualesquiera que sean) del Partido Liberal: cualquier interpretación en este sentido podría parecer, incluso, una equivocación de mal gusto. Y una vez oí a un americano que expresaba su preocupación por el aumento del «liberalismo» en su país, y proponía una «educación liberal» renovada como el mejor medio para combatir esa tendencia indeseable. No había entendido siquiera la aparente contradicción del término: para fines prácticos, la palabra «liberal» tiene hoy día dos acepciones distintas y no relacionadas.

Su uso, referido a la educación, es claro y nada ambiguo. Si alguien ha disfrutado de las ventajas de una buena educación liberal, sabemos que no por ello estará cualificado para ejercer una profesión específica. Pero, por otra parte, se le habrá estimulado a desarrollarse como persona de la manera más completa posible. Será alguien que leerá mucho, informado, sensible; apreciará el arte, entenderá algo del mundo, su historia y sus problemas, tendrá muchas simpatías y espíritu tolerante y, si surgiera cualquier cuestión pública o política, sabrá darle otra salida que la del simple prejuicio o interés particular. Tendrá cierta facilidad en las difíciles artes de leer, escribir y pensar: dispondrá de recursos internos y será alguien con quien valga la pena hablar.

Ahora bien, un hombre dotado de todas esas cualidades será en la práctica muy utilizable: hay muchos trabajos, tanto en el campo público como en el privado, para los que no se requiere ninguna habilidad particular o especializada, sino el poseer ciertas cualidades mentales y de carácter. En este sentido, puede ser económicamente ventajoso adquirir una educación liberal como la definida, certificada por algún título universitario: le facilitará a uno un trabajo mejor. Pero, pensar en estos términos, a no ser en un sentido marginal, es contradecirse a uno mismo. Pues la misma idea de educación liberal, en su mejor sentido, presupone el abandono, al menos momentáneo, de todas las preocupaciones de ese tipo. Una educación así le pone a uno frente a una gama de actividades y estudios que se considera interesante emprender por sí mismos, y que se pueden estropear o corromper si se toman por un motivo diferente: le propone hacer de usted un tipo de hombre, bien definible, no por sus ventajas sociales ni económicas, sino por la convicción profunda de que es intrínsecamente deseable ser un hombre así.

En un mundo imperfecto, es difícil pensar que un ideal de esa clase se pueda cumplir de una manera profunda y total; la vida es insegura, la sociedad competitiva, la libertad de los jóvenes está ensombrecida por el problema de ganar para vivir; ni entre los estudiantes ni entre los profesores será fácil encontrar motivaciones tan completamente puras y desinteresadas. Pero al menos podemos ver aquí un ideal, al que los individuos y las instituciones se pueden acercar en cierto modo; y es un ideal que ha sido buscado, querido y desarrollado por mucha gente notable durante mucho tiempo.

Es un ideal que encuentra, no obstante, muchas dificultades en nuestro tiempo: ya he insinuado algunas de ellas en el capítulo anterior. Pero su gran debilidad es que presupone un consenso general sobre los valores humanos, un acuerdo general sobre la clase de hombre y de mujer que quisiéramos idealmente ser; y, si bien la historia enseña que *puede* existir un acuerdo general de ese tipo en amplias zonas y durante largos períodos, también sabemos por experiencia que nada similar existe en la sociedad actual. Estamos claramente divididos en la apreciación de los valores humanos: distintos grupos mantienen ideas radicalmente distintas sobre el tipo de hombre o de mujer que quisieran ser, y hay quien incluso niega la posibilidad de tales ideales, asegurando que no tienen la más mínima importancia.

Se podría concluir, por lo tanto, que, en una sociedad tan dividida y pluralista, la educación liberal no puede tener coherencia ni dirección alguna y, por consiguiente, solo puede ser una causa perdida. En mi opinión, esta sería una conclusión demasiado pesimista. Pero el concepto necesita al menos ser examinado de nuevo.

Y podría ser práctico empezar preguntándonos *por qué* aplicamos la palabra «liberal» a cierto tipo de educación, o a cierto ideal de lo que la educación podría ser o hacer. Sabemos que esta palabra tiene algo que ver con la compleja idea de «libertad», y la mayoría de nosotros sabe que, retrocediendo lo suficiente en la historia y en la semántica, el *liberalis* es el hombre libre, en contraposición al *servus* o esclavo. Históricamente hablando, una «educación liberal» debería ser el tipo de educación que se considera apropiada para un hombre libre, adecuada para su actividad y preocupaciones, es decir, contraria al tipo de instrucción más baja o «servil», que estimamos suficiente para el esclavo.

Puede considerarse obsoleta e inadecuada para la situación actual esa apreciación de la palabra. La esclavitud —en el sentido absoluto del término— no existe ya, a excepción de algunos lugares perdidos en el mundo; en prácticamente ninguna sociedad conocida, incluyendo a las sociedades comunistas, es ya posible que nadie ejerza el derecho de propiedad sobre la persona de otro hombre.

A pesar de todo, pienso que hay por lo menos dos significados en los que el recuerdo lejano de aquella «institución extraña» permanece actual en nuestra mente, rigiendo nuestro uso de la palabra «liberal», especialmente cuando la aplicamos a la educación: en algún lugar de las profundidades sumergidas de nuestra conciencia, seguimos considerando típicamente servil a un determinado tipo de mentalidad y de actividad.

Yo considero esta manera de pensar muy realista y también muy aplicable a los problemas de nuestros *colleges*. Por eso quisiera analizar un poco la cuestión.

Este terreno es algo delicado: suena bastante elitista y esnob decir que algunas personas tienen mentalidad servil; puede sonar a desprecio hacia los desgraciados y oprimidos. Es, no obstante, una afirmación personal y franca de algo que sabemos todos, y que dan por descontado prácticamente todos los padres, educadores, costumbres, leyes y religiones; que no da lo mismo el tipo de persona que seamos; es mucho mejor ser *este* tipo de persona que *ese otro* tipo de persona. Cierto que hay quienes niegan la corrección e incluso la posibilidad de formular tales juicios de valor, pero son pocos y casi nunca llevan hasta el fondo la lógica de su postura anarquista. Nos dirán que la educación no debe *guiar* al joven bajo ningún concepto: debe limitarse a darle el mayor campo de posibilidades para que «haga lo suyo». Pero, si lo «suyo» en cuestión es homicida, nazi o racista, ¿qué?

Para la mayor parte de nosotros, es un dato de experiencia y de sentido común que la educación debe regirse por *algunos* valores humanos, aunque nuestro desacuerdo respecto al contenido de dichos valores sea muy profundo. También consideramos muy deseable crecer como *este* tipo de persona, dentro de una amplia gama de posibilidades particulares y, por consiguiente, no podemos sino considerar una desgracia o un desastre crecer como *ese otro* tipo de persona. Pero deberíamos ser capaces de discutir estas cuestiones con calma y con espíritu caritativo: el peligro del esnobismo y del elitismo surge solo cuando todo es un pretexto para el orgullo y el desprecio.

Considero una desgracia, un desastre incluso, tener una mentalidad servil. Con esto no me refiero necesariamente a ningún tipo de mentalidad que podamos encontrar entre los verdaderos esclavos: desde tiempos de Aristóteles, cuando existía el esclavismo, sabemos que la mentalidad servil no siempre coincide con la condición de servidumbre. Tampoco uso este adjetivo en el sentido moderno, para referirme a una mentalidad aduladora, vil y rastrera. Al decir que un hombre tiene mentalidad servil quiero significar que sus pensamientos y respuestas son mezquinas, calculadoras, insignificantes, deleznables y ruines. Puede ser inteligente, agudo y listo, cuando menos; pero no es magnánimo, es incapaz de pensamientos elevados y de emociones generosas y opinará que hombres mejores que él están locos cuando manifiestan emociones y pensamientos de esa clase. Parte de la culpa de que un hombre tenga una mentalidad de este tipo puede ser suya y, parte, heredada y debida al ambiente familiar. Sin embargo, me parece claro que determinados tipos de educación fomentan este servilismo de espíritu, y que cualquier tipo de educación liberal digna de ese nombre debe trabajar con fuerza —y con éxito, esperemos— en el sentido opuesto.

Si usted y yo tuviéramos conocidos comunes, ilustraría con gusto este fenómeno deprimente susurrando algunos nombres a su oído. Tal y como están las cosas, es mejor ilustrar con la ficción; y ya que soy un escritor, inglés, elegiré novelas inglesas.

Dos ejemplos vienen a mi mente. El primero es un profesor de sociología que se llama Mark Studdock en la novela *That Hideous Strength*, de C. S. Lewis. Tiene realmente una mentalidad servil.

> [...] «Recordemos que en el espíritu de Mark difícilmente se albergaba la más mínima traza de pensamiento noble, ya fuera cristiano o pagano. Su educación no había sido ni científica ni clásica, sino sencillamente 'moderna'. Los rigores de la abstracción y de la noble tradición humanista le habían pasado de largo; y no tenía a su favor ni la sagacidad campesina ni el honor aristocrático. Era un hombre de paja, con mucha labia en los exámenes de materias que no requerían conocimientos precisos (siempre había sido bueno en redacción y en temas de carácter general) [...]».

Mi segundo ejemplo es el de un joven oficial llamado Hooper en *Brideshead Revisited*, de Evelyn Waugh.

> [...] «Hooper no se hacía ilusiones con el Ejército —o, más bien, no encontraba ninguna especial que le sacase del letargo con que observaba el universo— [...]. Hooper no era romántico. Cuando era niño no había montado a caballo con Rupert ni se había sentado alrededor de las hogueras del campamento en *Xanthusside* a la edad en que mis ojos solo se humedecían con la poesía —en ese peligroso intervalo estoico, de piel roja, que nuestros colegios introducen entre las fáciles lágrimas del niño y las del hombre—, Hooper había

llorado mucho, pero nunca por el discurso de Enrique el día de San Crispín, ni por el epitafio de las Termópilas. La historia que le enseñaron no tenía muchas batallas, pero en cambio era pródiga en detalles sobre la legislación humana y las recientes transformaciones industriales».

En cada uno de los dos personajes esbozados —merecen ser estudiados a fondo en el contexto de la obra— se puede reconocer al mismo tipo de personaje triste que, a casi todos, nos es familiar en la vida social. Aquí no hay el menor asomo de esnobismo de clase. Hooper es un oficial y tiene ante sí un brillante futuro en los negocios si sobrevive a la guerra. Studdock es un universitario con éxito, recientemente admitido (cuando la historia comienza) en el influyente «círculo cerrado» del grupo de élite de su *college*. Los dos novelistas han trazado caracteres de personajes más humildes en términos muchísimo más favorables. Lo que se culpa, tanto en un caso como en otro, es un tipo de educación y la mentalidad que esta produce. Se podría llamar a esto el Producto Nacional Bruto; yo lo llamo mentalidad servil.

Una característica de esta mentalidad es el evaluar cada cosa en términos de ventaja económica o práctica inmediata. Para ver esa tendencia en acción, les sugiero que busquen entre sus conocidos a la persona que más se parezca a Hooper o a Studdock y empiecen a hablarle de la validez del latín en la educación. Replicará, casi ineludiblemente: «Pero ¿para qué *sirve*?».

Esa pregunta puede ser suficientemente contestada a su mismo nivel. Pero sería más apropiado —aunque quizá menos prudente— contestarle: «No dirías eso si no tuvieras mentalidad de esclavo».

Esto me lleva al segundo y más importante de los dos sentidos en que el concepto de esclavitud tiene que ver con la educación de hoy. Hay espíritus serviles, pero también existen actividades que lo son. El esclavo trabaja porque está obligado a ello y para servir a fines que no son los suyos. Asimismo, la mayoría de nosotros (en nuestras horas de trabajo) hacemos cosas que tienen que hacerse, para cumplir fines distintos de ellas mismas. Se puede llamar, con toda exactitud, servil, a la parte de la educación que nos enseña cómo hacer esas cosas. La educación liberal es otra cosa: nos enseña cómo hacer cosas que no son «necesarias», que no están dictadas por consideraciones de tipo práctico o económico, sino que vale la pena hacerlas por sí mismas.

Aristóteles usó una atrevida analogía para hacer esta crucial distinción. El hombre libre, dijo, es el que vive para sí mismo y no (como el esclavo) para otros; y, en el mismo sentido, la filosofía es para él el más «libre» de los estudios y materias, porque se emprende solamente por sí mismo y es —como ese hombre de mentalidad servil diría— absolutamente «inútil». Esta analogía (casi era un equívoco) jugó un papel crucial en el largo proceso de desarrollo semántico que, finalmente, nos hace considerar hoy el término «liberal» como adjetivo apropiado para determinados estudios y tipos de educación.

Quizá desgraciadamente o quizá no, la mayoría de nosotros estamos «libres» solamente en nuestras pocas horas de ocio o en vacaciones. Pero la mayor parte de nuestro tiempo está ocupado con trabajo servil; y, si tal adjetivo nos parece impropio para nuestros interesantes trabajos y nuestras nobles profesiones, quizá sea porque nuestra memoria selectiva asocia —de modo excesivamente simple— la esclavitud con una condición inferior, con las tareas domésticas o, quizá, con personas de alguna raza sometida. Puede que valga la pena recordar que, en muchas sociedades, hay quien ha llegado a acumular mucho dinero y poder, e incluso a controlar los destinos políticos de su nación, siendo legalmente un esclavo. Este término no debería asociarse tan simplemente con las actividades domésticas.

Pensar en una «educación liberal» es, por lo tanto, pensar en estudios y actividades que valen la pena por sí mismas y no solo, o fundamentalmente, por las ventajas accidentales que nos puedan reportar.

Ahora bien, este modo de entender esas palabras, aparentemente muy claro y plausible, suscita algunas cuestiones embarazosas en cuanto lo consideramos en profundidad. Nos aparta del aquiescente y manejable mundo de los medios, para conducirnos al incierto y polémico de los fines; y posiblemente este cambio sea doloroso, igual que para un esclavo puede ser desorientadora y triste una liberación repentina.

Nuestra sociedad es muy hábil en lo que respecta a los medios. Cualquier tarea definible que se deba realizar por razones externas a ella misma —como construir puentes, curar pacientes o mandar hombres a la luna— se realiza hoy día con mucha más habilidad y esperanza de éxito que en cualquier época pasada. Somos hábiles en esas empresas, y hábiles también en adiestrar hombres que las lleven a cabo: la educación servil sabe lo que hace y, en líneas generales, está en buena forma. Sin embargo, en nuestra sociedad pluralista y dividida, no existe el grado de acuerdo ni la seguridad correspondiente en lo que respecta a los fines, a los valores últimos: nuestra educación liberal no sabe, por tanto, ni puede saber, lo que está haciendo y, en líneas generales, está en mala forma. Hubo un fenómeno destacado por la prensa a menudo —en varios países— durante las revueltas y protestas estudiantiles de los años sesenta, que puede ilustrar esta triste realidad. Había gran correlación entre lo que se estudiaba y la intensidad de la rabia y tensión manifestadas. Los estudiantes que protestaban vociferando y con más furia eran generalmente de facultades de humanidades o de ciencias sociales —concretamente, a menudo, de sociología—; raramente, sin embargo, eran estudiantes de ingeniería o de medicina.

Esto es lógico y se hubiera podido pronosticar. El ingeniero o el médico sirven a fines secundarios o «serviles», pero que se entienden con claridad y que se pueden cumplir: desde el nivel del *college* en adelante, sus estudios y actividades tienen la gratificante característica psicológica de ser manejables, lo que proporciona cierta relajación de espíritu. Sin embargo, la educación más liberal, emprendida en una sociedad tan escéptica y dividida respecto a los valores últimos como es la nuestra, tenía que producir el efecto opuesto: perturbar y generar tensiones. El estudiante de literatura quizá pueda refugiarse en el terreno de la estética, pero el sociólogo se encontrará al borde de la angustia: se espera de él que estudie la gestión de la sociedad humana, en la casi total ausencia de cualquier consenso sobre lo que son los seres humanos y sobre los valores que deberían regir su vida social. Está destinado a sufrir tensiones y frustración, y por ello nos deberíamos sorprender de que lo manifestase con protestas y violencia.

Este es un problema real que raramente se aborda de frente. Es excelente hablar sin parar de los estudios y actividades que merece la pena emprender «por sí mismos». Pero ¿cuáles son esos estudios y actividades? ¿Cómo lo sabremos? ¿Quién decide? ¿Elige el estudiante por sí mismo? Y ¿de qué clase de interés «por sí mismo» se trata? Está muy bien hablar del paso de los medios a los fines. Pero ¿cuáles son los «fines» de la existencia humana? La noción de educación liberal presupone que se ha allanado el terreno, que se han resuelto los problemas inmediatos de orden práctico y que, por lo tanto, estamos en condiciones de poder buscar nuestro destino de personas humanas. Pero, tras presuponer eso, nos encontramos cara a cara con el espinoso problema de saber cuál podría ser ese destino: el problema (diciéndolo brutalmente) de saber *para qué* es la vida humana. Y, para nuestra sociedad pluralista y escéptica en general, esta es una pregunta sin respuesta y quizá irrespondible, una pregunta por tanto dolorosa.

Su dolorosa realidad no está siempre presente ni es reconocida a nivel consciente. En cierto sentido ordinario, se puede decir que el problema de la educación liberal es el problema de la educación para el tiempo libre; y la mayor parte de nosotros, haya o no recibido una educación liberal, cree poder enfrentarse con él de manera bastante satisfactoria y sin plantearse cuestiones demasiado embarazosas. Una vida familiar unida, junto a los placeres y ocupaciones cotidianas, evidenciará el poco tiempo que realmente queda libre, y, si quedara algo, las aficiones, los deportes y las pequeñas y agradables rutinas sociales vienen a ayudarnos.

Aun así, existe un problema real con el ocio en amplios sectores de la sociedad moderna, y doloroso, a juzgar por los esfuerzos que se hacen para evitar afrontarlo. La mayoría de nosotros conserva algo la vieja idea de que el trabajo es el medio y el ocio el fin, pero esta situación se invierte en la experiencia actual de la vida de mucha gente. El trabajo se convierte en la parte más interesante, organizada y significativa de la existencia; y el ocio se convierte en algo que sirve a los fines del trabajo: lo utilizamos para descansar, relajarnos, refrescarnos y, así, recargar nuestras baterías para emprender las actividades serviles del día siguiente. En el peor de los casos, el tiempo libre se convierte en una especie de hueco sin sentido que se debe llenar de cualquier forma; y de ahí surge la enorme demanda moderna de distracción, de entretenimiento continuo, de manera que el ocio agrupa a los miembros de la familia alrededor de la televisión, uniéndolos físicamente pero permaneciendo cada cual psicológicamente aislado en su propia relación con la pantalla y con sus fantasmales imágenes. En alguna medida, de aquí parte también la idea de que la madre de familia debe volver al trabajo en cuanto el cuidado del niño no le ocupe todo el tiempo. El deseo de más dinero y la escasa estima en que se tiene la vida de familia son factores relevantes en este caso. Pero existe también un presupuesto de fondo según el cual el mundo del trabajo es un mundo lleno de significado y de posibilidades de realizarse, como algo opuesto al vicioso vagar de la «señora ociosa».

Hay, sin duda, algo de verdad en todo esto. Empíricamente es sensato asociar tiempo libre a frivolidad: los aristócratas y los ricos en general, aunque espléndidamente «libres» en todos los sentidos económicos y prácticos, han usado raramente su libertad con la altura y dedicación propuestas por Aristóteles en su *Metafísica*. Algunos lo han hecho, pero la mayoría no.

Se admite generalmente que la educación puede y debería resolver este problema del tiempo libre promoviendo actividades e interés de tipo artístico, literario y cultural en general; e incluso que esta sea su función principal. La gente se debe ganar la vida, adquirir capacidades vendibles en el mercado de algún modo. Pero después, por compensación y para lograr una realización más sublime, el individuo puede instruirse en actividades culturales varias: quizá en actividades creativas o, al menos, que enseñen cómo apreciarlas. Así, durante toda su vida, el tiempo libre será rico en significados. Será un hombre dotado de recursos internos y preocupaciones ideales, conocedor profundo de la cultura heredada del pasado y de la que se desarrolla en el presente.

Esto es algo mejor que la ausencia total de respuesta para el problema del tiempo libre: la educación liberal así concebida tiene muchos puntos a su favor. Su limitación es que eleva la cultura y el arte a la categoría de una especie de religión sustitutiva, como profetizaba Matthew Arnold a propósito del destino de la poesía. Esto ocurre, efectivamente: hay mucha gente para quien la cultura es la cosa más seria, el medio que ilumina el alma y constituye la salvación; algo con lo que no se debe jugar. Pero la cultura y el arte son las primeras víctimas de esa ilusión, pues pone sobre ellos una carga que no pueden llevar, como se deduce de su actual anonadamiento. También perpetúa la falsa dicotomía decimonónica entre el «arte», entendido en términos de gran nobleza, y el trabajo productivo en *cualquier* campo, lo que es un terrible factor de hipocresía o de ficción. Suele abundar una intensa reacción estética durante la adolescencia y la juventud, pero es más extraño que se produzca posteriormente: muchos adultos, cuya experiencia real de «gloria y sueño» ha desaparecido hace ya tiempo, se sienten social y psicológicamente obligados a aparentar que eso no es cierto, que se estremecen todavía con poesías, pinturas y representaciones teatrales, como la mayoría de nosotros vibrábamos durante el breve Renacimiento personal que normalmente se produce al término de la pubertad. En realidad, todo esto les deja ahora casi totalmente fríos. Pero tienen que fingir: si no, la parte ociosa o libre de su vida perdería gran dosis del significado para el que les ha preparado su educación liberal. Una indagación abierta y franca entre vuestros amigos más cándidos os demostrará que estas observaciones están sobradamente justificadas.

Teniendo presentes estas consideraciones, deduzco que la educación liberal está destinada a ser insuficiente, carente de dirección y problemática, excepto si puede presuponer una religión o, al menos, una filosofía de la vida, plausible y generalmente aceptada. Esta es obviamente una mala noticia en lo que concierne a sus perspectivas en la actual sociedad occidental.

Pero la palabra «liberal», aplicada a la educación, tiene un significado ulterior que quizá pueda ser útil. Puede referirse no solo a los fines del estudio y la educación sino también a las condiciones en las que se llevan a cabo estas actividades.

Esta acepción de la palabra me parece claramente en activo; esto es, la gente habla de la «educación liberal» como de algo deseable, no refiriéndose exclusivamente a una educación *para* la libertad. Se refiere, también, y quizá de manera predominante, a una educación *por medio* de la libertad. En este sentido, la antítesis de «liberal» sería algo como «dogmático» o «autoritario»: por consiguiente, los *colleges* de artes liberales, para merecerse un calificativo tan laudatorio, no solo deben proponer alguna clase de libertad como producto final, sino también establecer realmente la libertad aquí y ahora, llevando toda la labor académica e intelectual —de investigación y enseñanza— en una atmósfera absolutamente no restrictiva. El estudiante debe ser completamente libre para elegir las materias y cursos que le apetezcan; y, aún más importante, el profesor y el investigador deben gozar de una absoluta libertad intelectual y de búsqueda. Por cualquier cosa que ocurra en el campus, no puede haber nada que suene a dogmatismo o a ortodoxia impuesta, y el que algo pudiera parecer herético sería la peor de las corrupciones. El *college* y la universidad se preocupan, después de todo, por el descubrimiento y la difusión de la verdad; y solo llegaremos a la verdad a través de la libertad intelectual y académica.

Este particular dogmatismo es, de hecho, la ortodoxia admitida por la mayor parte de la educación liberal actual; cualquiera que lo ponga en duda corre el riesgo de ser perseguido como hereje. Pero yo tengo valor suficiente para correr este riesgo e insinuar, para comenzar, que no es necesariamente *toda* la verdad el decir que la libertad nos conduzca a la verdad. Hubo, por lo menos, un hombre inteligente —un sabio o profeta, considerado divino por sus seguidores— que vio la cosa al revés, y dijo: «La verdad os hará libres».

¿Qué sucedería con la idea de la educación liberal, vista desde la óptica de los estudiantes y también desde el cuerpo docente, si la consideramos bajo esta perspectiva Suya?

III. EN EL SUPERMERCADO

En mi amplia experiencia con personas e instituciones, raramente he encontrado una atmósfera de libertad semejante a la que he sentido en este campus californiano. Y esta impresión mía se confirma con lo que dicen los propios estudiantes, especialmente aquellos que han frecuentado antes otros *colleges* o universidades. Para ellos, el hecho de venir aquí ha supuesto una liberación sorprendente y mi corazón de padre se alegra de ello.

Pero no estoy tan completamente loco como para suponer que la «libertad» sea un concepto sencillo. No es así; en cuestiones políticas, sociales y personales y (yo añadiría) incluso académicas e intelectuales, contiene una cierta paradoja: dos caras que se deben reconocer y aceptar si se quiere que la libertad de la que son capaces los mortales (que nunca es total) se desarrolle de un modo rico, gratificante y remunerador.

Refiriéndome a este *college*, yo definiría tal paradoja afirmando que la liberación que aquí se ofrece es la liberación de la tiranía del permisivismo, tanto del personal como del intelectual. La existencia de dicha tiranía, y muy cruel, es uno de los hechos más claros y afrontados más a regañadientes de la sociedad actual.

No se trata de una paradoja y tampoco, ciertamente, de una contradicción; es, en principio, un dato de experiencia humana universal. La libertad solo puede florecer bajo alguna clase de ley, lo que significa necesariamente cierto impedimento inicial de libertad. Es algo en lo que no quisiéramos creer: nos gustaría creer en un mundo en el que los impulsos inmediatos de cada individuo se pudieran llevar siempre absolutamente a cabo, sin frustraciones, conflictos u otras desgracias. Ahora bien, pensamientos de este tipo solo nos aportan nostalgia del Jardín del Edén, o, quizá, una anticipación del Paraíso. No es innoble que los espíritus románticos se sientan atraídos por la anarquía. Pero esa no es una opción real para ninguna situación que conozcamos o podamos imaginar en esta vida. Cosas malas se apresuran a llenar los vacíos de poder, y a menudo sucede que la única alternativa para un gobierno nefasto es un gobierno aún peor: cualquier tentativa de realizar una sociedad demasiado simplemente «libre» —la sociedad anarquista— acaba por ser una tiranía de los fuertes sobre los débiles.

Todos reconocemos este triste dato de nuestra condición en la vida pública y política, cuando aceptamos la necesidad de una ley como condición para cualquier libertad real. El dato correspondiente relativo a la conducta personal y moral comienza a ser redescubierto ahora —tras un período bastante negro— por mucha gente reflexiva y sensible. Pero el dato correspondiente, en lo que se refiere a la vida académica e intelectual, tiene hasta el momento presente un reconocimiento bastante escaso.

Por eso, mucha gente se horrorizaría con este *college*. Quizá podrían aceptar algo de sus disposiciones y de su estilo de vida, pero de mala gana. Porque aquí hay leyes, y disciplina: no son opresivas, pero se hacen respetar suavemente. Se toman en serio la buena educación y la cortesía, y los estudiantes hacen gala de ello. Quien se imagine que el fornicar y consumir drogas sean instrumentos educativos fundamentales, o desprecie a los jóvenes considerando que la suciedad y la grosería son lo que mejor expresa su identidad, debería ir a otro lugar para ver sus tópicos realizados. Pero se puede admitir que aquí hay cierta clase de liberación:

la liberación de los padres, por lo menos, de una real ansiedad familiar, y la liberación de los jóvenes, también, de cierta filosofía social que tiende a disminuirlos y degradarlos en otras partes.

Pero, dejando aparte estas cuestiones sociales y personales, hay otro aspecto diferente y más profundo en el que este *college* ha tocado verdaderamente la ambigüedad o la paradoja de la libertad, en una línea que sería muy ofensiva para algunos. Estos estudiantes trabajan con un programa fijo; hay estudios establecidos para ellos; únicamente se ven obligados a elegir entre diversas materias o cursos opcionales en temas marginales o secundarios. Todavía más significativo: los profesores no han sido elegidos entre los graduados en general, sino entre hombres y mujeres que habían hecho ya una opción intelectual comprometida con una concepción precisa del conocimiento y del destino humano y, por tanto, de qué es y para qué sirve la educación liberal.

En el presente siglo XX, el sistema nervioso de muchos se halla en un estado tal que puede contraerse en una revulsión de horror solo con oír un planteamiento así de la educación y la selección del profesorado. Parece un rechazo de la libertad académica, eso tan desesperadamente importante y fundamental; y sugiere el autoritarismo, el dogma y el adoctrinamiento forzoso: palabras como «Inquisición» y «Fascismo» asomarán temblando en muchos labios.

Hay una especie de hipersensibilidad en este terreno. He conocido a hombres muy inteligentes saltar con la acusación de cripto-nazismo a la más mínima referencia que suene a «ley» y «orden», esa cosa tan elemental y necesaria. Es inútil recordar a personas así que la Alemania de Hitler era, en todos los aspectos, una de las sociedades más «desordenadas» que haya existido jamás.

Este tipo de reacciones son, en mi opinión, ligeramente neuróticas. Derivan, seguramente, del hecho de que durante los últimos decenios ha habido un florecimiento extraordinario de tiranías políticas e ideológicas, asociadas a una crueldad del género más vil. Cualquier persona decente solamente puede reaccionar con repulsa ante esos hechos. Pero, del hecho de que uno haya sido mordido por un perro en la infancia, no se deriva que se tenga que construir una filosofía de la vida basada en la rabia de todos los animales; y aquí quisiera decir que se puede tener una reacción excesiva, o imprecisa, contra cualquier fuerza maligna que parezca amenazar la libertad intelectual o académica. Estoy enteramente de acuerdo con que existen esas fuerzas y con que son el mal. Pero esa libertad particular, entendida crudamente y sin el contrapeso de otros valores, puede dejar de ser amiga de la vida intelectual y de la comunidad académica para convertirse en el peor y más esterilizante enemigo.

No se trata de una posibilidad teórica y remota. Es algo que ha sucedido realmente, no en todas partes pero sí en muchos casos: es el factor más importante de la duda y confusión en que se encuentra la mayor parte de la educación liberal.

En otras palabras, la vida en el campus no es una excepción a la regla general de que la libertad es un concepto complejo y de que su interpretación simple y anárquica se autocondena. Una educación liberal puede educar al joven *para* la libertad, si sabe lo que es y para qué sirve la libertad del hombre; pero le empobrecerá penosamente si trata de educarle solo *por medio de* la libertad.

Dicho empobrecimiento puede producirse en cualquier etapa del proceso educativo. Hay una vieja historia que habla de un niño cuyos padres cambiaron de casa y, por eso, le trasladaron de una escuela donde realmente le *enseñaban* las cosas —necesariamente, con cierta intervención afectuosa de disciplina— a otra con métodos cien por cien «liberadores». Pasados unos días acudió a su madre desesperado: «Mamá, ¿debo hacer *siempre* lo que quiera en esta horrible escuela?».

Su comportamiento no era irracional. Uno de los principales requisitos para el niño que crece es un entorno estructurado y ordenado: necesita conquistar su lugar en el mundo y no puede hacerlo si se encuentra frente a un mundo en caos. Vale la pena recordar que si se hubiera obligado al niño a continuar en su escuela *clay-play-way*[2], es casi seguro que de mayor hubiera engrosado las filas del gran ejército de jóvenes que demuestran ser funcionalmente analfabetos cuando les llega la hora de entrar en la universidad.

Este problema específico es muy grave, aunque en líneas generales pueda considerarse con solución. Se podría argumentar que la dirección que el niño necesita cuando es pequeño, puede reducirse a medida que va creciendo. Y cuando llega la hora de ir al *college*, ¿no está lo suficientemente maduro como para tomar sus propias decisiones?

Esto es lo que se arguye o, más comúnmente, se afirma: suceda lo que suceda en los niveles elementales y de enseñanza media, se da por descontado que un joven va a la universidad para aprender lo que quiere aprender. Por lo tanto, se considera como un punto a favor de los colegios el hecho de que ofrezcan una amplia posibilidad de elección, varias opciones de cursos y materias. Va a recibir una educación liberal: en su calidad de *liberalis*, por lo tanto, tiene que tener posibilidad de libre elección entre aquello que encuentra en oferta.

Cierto que hay muchos aspectos en los que nadie cuestionaría esa afirmación. Creo que su validez es máxima en los niveles universitarios de especialidad o en los de investigación doctoral; pero no estoy seguro de su pertinencia para la educación universitaria de tipo más general o liberal, que se ocupa de la formación y desarrollo del estudiante como ser humano más que de su preparación en algún arte o ciencia especializada. (En orden a evitar incomprensiones o malentendidos en ambos lados del Atlántico, puede ser bue-

---

[2] Expresión que se refiere irónicamente a la escuela basada en la pedagogía antiautoritaria considerada como una ideología excluyente (ndt).

no hacer notar que, dentro del sistema británico tradicional, esta clase de educación era tarea confiada al colegio, y debía completarse hacia los dieciocho años de edad. Inglaterra nunca ha tenido un equivalente exacto del *college* de artes liberales norteamericano. Lo que más se parecía era, quizá, el curso *General* o *Pass Degree* que ofrecían algunas universidades. Esto se consideraba normalmente como el «pariente pobre» del curso *Honours* normal; una opción fácil para los hermanos más débiles; pero, ahora que la enseñanza media inglesa se está haciendo menos elitista e intensiva, parece que se tiende a pensar en algo similar al *college* norteamericano.)

Todos sabemos que cuando se trata de adquirir un conocimiento concreto y especializado, la libertad de opción del estudiante es real pero muy limitada. Si un estudiante de medicina decide que la anatomía y la fisiología son materias aburridas, puede ejercer cierta libertad y decidir que no las estudia. Pero, decidiendo así, está eligiendo, a fin de cuentas, no ser médico. En ese campo existen opciones y especializaciones, pero el conocimiento médico básico es lo que es, dato más o menos fijo, y el estudiante se debe imponer una disciplina y someterse a sus exigencias a veces aburridas si piensa llegar a ser médico.

No obstante, a los ojos de la mayoría, la gran fascinación de los estudios liberales es precisamente el que *no* tengan carácter fijo, determinado y, últimamente, «servil», sino que dejen al estudiante totalmente libre. Claro que siempre se debe aceptar la disciplina de un trabajo duro: no hay estudio que pueda llevarse a cabo irregularmente, siguiendo los caprichos del propio ánimo. Pero una educación liberal, precisamente porque no busca fines concretos fuera de sí misma, merece esa calificación si se realiza en la mayor libertad posible, tanto en lo que concierne a las materias que se estudian como en lo que concierne a las conclusiones alcanzadas.

Puede que parezca muy evidente este modo de ver las cosas, pero cuando se examina más de cerca tiene implicaciones (por lo menos, para decirlo suavemente) discutibles.

Sin duda es cierto que cualquiera aprende mejor y más fácilmente cuando está interesado y que el aburrimiento es una traba considerable en cualquier tipo de proceso educativo. La respuesta ideal quizá radicara en que todos los profesores estuviesen enamorados de su materia y constantemente entusiasmados con ella: hay algo enormemente contagioso en el entusiasmo y en la excitación. El problema está en que no son muy abundantes profesores tan perfectos.

Durante mucho tiempo, la respuesta sabiamente convencional a este problema ha sido decir: «Bueno, ya que no estás obligado por las exigencias objetivas de una profesión especializada, elige las materias que *concretamente* te interesen y *estúdialas*». Pero esto significa poner el carro delante del caballo. Este razonamiento otorga la categoría de un objetivo final al simple hecho de estudiar, al proceso educativo en sí; las cosas estudiadas se convierten en simples medios, elegidos según el grado en que faciliten tal proceso. Se puede considerar esto como una trivialización del conocimiento de la realidad objetiva, nada deseable desde el punto de vista psicológico pues repliega al estudiante en sí mismo poniéndole en el centro del cuadro. También significa que él mismo es el mejor juez de sus necesidades educativas, e implica en el fondo algo más crucial todavía: que no hay nada que realmente *necesite* conocer, que no existe un orden natural o una jerarquía de disciplinas intelectuales, un «saber» objetivo y alcanzado con el que la generación mayor se sienta capaz de enriquecer y liberar a los más jóvenes.

Esta es una filosofía de derrota y de nihilismo intelectual, que debemos contestar abiertamente. En primer lugar, en relación con la libertad de opción del estudiante. El cuerpo docente deberá esperar su turno.

No estaba del todo equivocado Napoleón cuando dijo que los ingleses son un pueblo de tenderos; no estamos en una posición de superioridad tal como para despreciar a los americanos si —como a menudo se afirma— consideran todo en términos comerciales o mercantiles.

Sin embargo —siento decirlo—, encuentro bastante divertido el hecho de que los *colleges* americanos elijan tan a menudo y tan naturalmente la palabra «catálogo» para los libretos en los que viene el elenco de los cursos y servicios que ofrecen. Donde yo vivo se llamaría a tal libro el «prospecto» del *college*, «manual» o «calendario»; la palabra «catálogo» tiene sentido comercial y lo usan los fabricantes, mayoristas y minoristas, para referirse a las listas de precios de las distintas mercancías que ofrecen.

Debo proceder con cautela, pues no tengo intención alguna de ofender. Sin embargo, creo que podemos ver en este síntoma un pequeño ejemplo de algo muy americano. También se podría pensar en otros síntomas del mismo estilo, un inglés que visita los Estados Unidos se sorprende a menudo cuando descubre que un médico y un pastor trabajan desde su «oficina». Yo también me sorprendí un poco cuando oí cómo un obispo americano se refería a su catedral, al seminario y a las demás propiedades, definiéndolas globalmente como la «planta diocesana».

Bien. No es que considere las actividades industriales y comerciales como totalmente perniciosas, ni piense que el uso analógico de su terminología sea un insulto para preocupaciones más elevadas. Pero el uso instintivo de tal terminología puede ser revelador, y espero por ello que se me permita insinuar que la educación superior americana tiene una tendencia clara a considerarse en términos comerciales, por lo que el *college* se convierte en una especie de supermercado para la formación.

Ya se han hecho a menudo observaciones de este género. Hace años, una escritora inglesa —casada y adoptada por la sociedad americana— señalaba que en su nuevo país «existe la peligrosa posibilidad de aceptar... que la educación no es un ejercicio, sino una mercancía que puede adquirirse por paquetes. La tienda está bien abastecida, se compran las mercancías; *et voilà*, un público instruido».

¡Nadie trata de disminuir la importancia que el supermercado tiene actualmente como institución, o la facilidad con la que allí se puede comprar cualquier tipo de producto atractivamente envasado! Temperamentalmente simpatizo con el pequeño tendero, pero en la práctica encuentro un atractivo irresistible en la comodidad que ofrece el supermercado, aunque al final de la jornada suelo descubrir que he comprado equivocada e impulsivamente. (A menudo se aprecia que hay una atención mayor en el paquete que en el producto que va dentro; la brillantez tecnológica de lo uno es pobre compensación para el tratamiento químico y la falta de sabor de lo otro. Pero ya he anotado que nuestra sociedad es mucho más ingeniosa en los medios que en los fines.)

Personalmente aprecio la libertad de elección que ofrece el supermercado. Puede conducir a extrañas conclusiones. Una vez vi a un hombre que empujaba su carrito hacia la caja para abonar unas treinta latas de comida de perro, cuatro botellas de champán y nada más; sospecho que no tenía perro y que seguía la filosofía de ahorrar en alimento y *no* ahorrar en bebida. Puedo imaginar filosofías peores.

Este personaje y otros similares me traen a la memoria la novela de Evelyn Waugh, *The Loved One,* en la que la estúpida heroína se había graduado como esteticista teniendo Arte, Filosofía y Chino de materias secundarias. Eran estos embalajes de colores chillones los que le habían llamado casualmente la atención mientras paseaba entretenida por el supermercado de la educación.

Cierto que Evelyn Waugh se dejaba llevar por cierta malevolencia antiamericana. Sin embargo, pienso que aquí puso el dedo en una verdadera debilidad; debilidad de la que los ingleses son —o eran— menos culpables en algún grado. «En el sistema educativo británico —dice la citada escritora—, el sistema que se sigue es similar al de un tejido cuyos hilos principales van entretejiéndose continuamente desde el principio hasta el final. En América, sin embargo, el esquema se parece más al tipo de construcción abierta que un niño podría realizar con un rompecabezas, donde cada pieza es una unidad de educación, esto es, un 'diploma' o un 'curso'».

Quizá sea este un caso particular de un fenómeno más general. Un escritor americano ha sugerido recientemente que el símbolo dominante de la vida americana es el de las partes intercambiables estandarizadas, en situación absolutamente fluida. Cada motel o cada aeropuerto es exactamente igual a los demás; todos pueden llegar a ser presidentes; todos pueden llegar a ser perreros: nada ni nadie pertenece realmente a alguna parte.

Desarrollar este tema sería irrelevante y ofensivo a la vez, y no quiero ser demasiado duro con el supermercado de la educación. En una sociedad tan móvil, en la que un estudiante puede haber dejado los estudios en Massachusetts, retomándolos después en Utah, quizá sea inevitable cierto grado de estandarización —de intercambiabilidad, de confección y empaquetado—; y si una joven quiere llenar su carrito con cursos de Cosmética, Arte, Filosofía y Chino, no creo que se le pueda negar la libertad de hacerlo por medio de una ley federal.

No obstante, surgen problemas escabrosos cuando intentamos aplicar esta total libertad de elección al tipo de «libertad» implícito en la noción de educación «liberal».

Cualquier tendencia que considere la educación en términos semicomerciales, pienso que nos desvía del camino seriamente. Después de todo, el supermercado —o cualquier otro tipo de tienda o negocio— se rige, precisamente, por el principio de que «el cliente tiene siempre la razón». El vendedor puede aconsejar, pero nunca puede obligar. Cualquier analogía de este tipo falla, por razones que pueden no resultar inmediatamente evidentes. Cuando voy al supermercado a hacer la compra para mi familia, *ya sé* algo sobre alimentos y cocina, un poco sobre dietética relacionada con la salud y mucho sobre los gustos, requisitos y manías de mis familiares. El estudiante que se acerca al supermercado de la educación no tiene ventajas semejantes. Para comparar su situación real, nos deberíamos imaginar a alguien que va al supermercado sin haber pisado antes una institución similar, que no va a tener nunca más (en la práctica) ocasión de pisarla, que nunca ha gozado de ninguna de las mercancías que allí se ofrecen y que solo tiene una vaguísima idea de las necesidades que espera satisfacer.

Bien, ¡que haya total libertad de compra garantizada por la ley! Y estaremos todos de acuerdo en que el tipo de cliente que acabo de mencionar (admito que es una situación de difícil credibilidad) se sentirá totalmente a merced de sus impulsos ante los aparentes envases. Es casi imposible que la mercancía que se lleve a casa sea satisfactoria bajo ningún concepto.

En mi calidad de crítico literario debo leer muchas novelas americanas contemporáneas. Abunda en ellas el tema del licenciado universitario desilusionado y amargado. ¡Las luces eran tan brillantes, las estanterías estaban tan repletas, los paquetes tan tentadores! Sin embargo, ha vuelto a casa con una colecta de variopintos productos que guardan muy poca relación entre sí, o con el mundo, o con sus propias necesidades, o incluso con sus gustos actuales, y aún menos con cualquier idea científica de lo que es una dieta alimenticia equilibrada. Y entonces insulta a la institución, más bien salvajemente, por haberle desviado tan miserablemente de su camino. Lo verdaderamente lamentable es haber dado demasiado crédito a la simple libertad sin información y, ahora que lo ha descubierto, es demasiado tarde para volver atrás e intentarlo de nuevo.

Solo los tontos aprenden por propia experiencia (dicen). Los inteligentes aprenden de la experiencia ajena, e incluso de la experiencia colectiva de la especie. Pero, para algunos jóvenes, esto es bastante irritante: significa que tendrán que aprender de gente mayor que ellos e, incluso, de gente que ya está muerta hace tiempo.

No se puede plantear la educación liberal como un supermercado. Debe aspirarse a crear —pero no puede presuponerse— una situación en la que se puedan tomar opciones prudentes, un joven que fuera capaz de hacer sabias elecciones no *necesita* una educación liberal, pues tendría ya la sabiduría y el juicio que se espera pueda darle tal educación.

Mientras tratamos de acercarnos a la idea de lo que debería ser una educación liberal, recordemos el supermercado como la imagen de lo que *no* puede ni debe ser, si no queremos fracasar radicalmente. Por definición, estamos avanzando a tientas hacia algo que tiene que ver con alguna clase de libertad. Pero poner demasiado énfasis en el primer y más obvio tipo de libertad —la libertad del estudiante para estudiar aquello que se le ocurra— es una operación destinada a la autodestrucción.

Newman vivió antes de esta era feliz del supermercado, pero utilizó imágenes muy parecidas para indicar la naturaleza del problema. Explicaba que algunos escritores no parecían comprender qué era la universidad. «La consideran una especie de bazar donde mercancías de todo tipo se almacenan unas junto a otras sobre bandos independientes y, así, se evita al cliente la fatiga de correr de tienda a tienda; o incluso parece como un hotel o pensión donde se reúnen gentes de todas profesiones y clases, variando según la estación, ajenos unos a otros incluso en el trabajo o en el placer; mientras que la universidad, considerada correctamente, es la casa; la mansión de la hermosa familia de las ciencias hermanadas que se estimulan en sus actividades con espíritu fraternal».

Sabemos que las hermanas pueden reñir y en ocasiones llevarse mal: sus «actitudes mutuas» no son siempre muy amigables. Pero la relación entre ellas dura: es algo orgánico, objetivo, en absoluto una construcción arbitraria de convenciones sociales y espíritu observador. Las palabras de Newman sugieren que algo similar puede servir para las materias, disciplinas o áreas diversas del ámbito académico, que pueden tener relaciones recíprocas de tipo objetivo, más «fraternales» que las que se dan por la simple vecindad sobre las estanterías del supermercado, que solo facilita la disponibilidad para el comprador casual. «Se trata simplemente —dice en otro lugar—, de saber si la educación que se busca y se imparte debe estar basada en un principio, formulada en una regla, dirigida a los fines más sublimes, o se debe dejar a la sucesión casual de maestros de escuelas, uno tras otro, con un melancólico derroche del pensamiento y una verdad dejada al azar».

Estas son nobles palabras: plantean cierta respuesta al problema y, en lo que se refiere al estudiante, una posibilidad de elección menos trivial que la ciega compra de paquetes sin relación alguna.

Pero tienen un precio. ¿Principio? ¿Norma? ¿Fin? ¿Verdad? Palabras así sonarán con estridencia en el sistema nervioso de muchos universitarios; sugieren un concepto estático, «dado», de la realidad y de la educación; cierto dogmatismo que debe imponerse, una finalidad para la libre búsqueda, y todo lo que se dirija en esa dirección debe rechazarse inmediatamente. Quizá deban fijarse unos límites a la libertad de elección de un estudiante; se le puede guiar y se le puede, incluso, presionar con suavidad. Pero la libertad intelectual y académica es un absoluto en lo que respecta al cuerpo docente.

Esto se afirma rotundamente. ¿No podría, quizá, tratarse también de una simplificación? La libertad académica es, sin duda, una buena cosa. Pero ¿no necesitaría, quizá, protegerse en algún modo de sí misma?

IV. EL ESCEPTICISMO Y LOS PROFESORES

Para variar un poco, ayer noche salí del campus y asistí a una cena. Invitaban uno de los profesores y su mujer, con varios niños que andaban por allí educadamente; también fueron invitados conmigo otros dos profesores con sus respectivas mujeres. Fue un rato muy agradable, «pasar el tiempo» en amable compañía con la ayuda de alimentos preparados con cariño y un delicado vino californiano.

No pensaba solo en divertirme. Acepté la invitación con un espíritu de enorme curiosidad. Ya he dicho la fuerte impresión que me habían causado los estudiantes; a continuación quería descubrir algo sobre sus profesores, quería saber cómo concebían su trabajo y cómo intentaban cumplirlo. Así, pasé la velada escuchando y preguntando y, finalmente, me hice una idea bastante clara: un cuadro intrigantemente diferente del que se encuentra en la mayor parte del resto de los campus.

En primer lugar tengo que subrayar el hecho de que estos hombres se consideran a sí mismos como *profesores:* su primera vocación es instruir a los jóvenes y parece que tienen pocas ambiciones en otras áreas. Ahora bien, esto no es tan sencillo como parece a primera vista. En la mayoría de los *colleges* o universidades —incluida la mía— la vocación académica incluye otras cosas aparte de la enseñanza. Sobre todo abarca la investigación; hay un presupuesto absolutamente institucionalizado, según el cual el mejor maestro para los jóvenes será aquel que permanezca activo en la primera línea del frente de su materia, por lo que el doctorado —título que acredita una competencia básica para la investigación— se convierte en una especie de bono de comedor universitario o en una calificación para el empleo. En términos menos serios aún, este es el presupuesto que le guía desde aquel momento en adelante, o por lo menos, hasta que obtiene la cátedra; debe continuar en la investigación o, al menos, escribir: «publicar o morir» se ha convertido en un triste chiste.

Esta situación puede ser deseable en el nivel de especialización o de doctorado; pero, en lo referente a la educación general o liberal, sospecho que Newman tenía razón al considerar que la enseñanza y la investigación son dos actividades radicalmente distintas, que requieren talentos diferentes y deben ser realizadas por gente diferente, quizá, incluso, en instituciones absolutamente separadas. Ciertamente puede darse que una única persona tenga las dos vocaciones; mi tutor en Oxford, C. S. Lewis, era un estudioso profundamente original y también un brillante profesor, dotado de un extraordinario talento para estimular el interés allí donde el aburrimiento podía habernos dominado fácilmente. Pero él tenía una extraordinaria personalidad, cosa que no sorprende: solo es posible accidentalmente que dos cualidades tan profundamente distintas coexistan en un solo individuo.

A los profesores de este *college* no se les pide que sean también investigadores, ni se les anima tampoco a que se involucren en un mundo más amplio, como hacen muchos en otros lugares. Esta es otra tendencia típica de nuestro tiempo. Hasta hace poco, la imagen popular del profesor de universidad —el enseñante de Oxford, por ejemplo— era la de un personaje huraño, quizá excéntrico; el profesor proverbialmente despistado, con una erudición inmensa en su campo, ligeramente inocente y torpe en todo lo demás. El universitario de hoy, sin embargo, puede tener ambiciones que corresponden a una imagen absolutamente distinta. Puede aparecer en la televisión como «experto», ser entrevistado por la prensa, ser interrogado para expresar su aguda opinión en cuestiones públicas relacionadas con su campo (y no es extraño que hasta con otros campos); puede encontrarse beneficiosamente involucrado en los negocios de compañías importantes, ser llamado por el gobierno para consultarle o incluso permanecer por algún tiempo a su servicio, al máximo nivel. Estas posibilidades cambian, naturalmente, según los temas y la especialización de los individuos: sin embargo, en general, se puede decir que la universidad de hoy no es ya un claustro aislado cubierto de yedra sino, más bien, una parte integrante del gran mundo ávido de poder, y que ofrece un horizonte considerable a esa clase de ambición cuando esta existe entre el profesorado. La educación de los jóvenes no queda necesariamente abandonada por este motivo; pero en realidad es, efectivamente, solo una de las tantas preocupaciones de la universidad.

Aquí, es la única preocupación de los profesores: los angustiados padres pueden estar seguros de que su hijo o su hija será el primer objeto de su atención, y de que no tendrán que competir para esto con el destello de un brillante puesto de trabajo en Washington o con el interés absorbente de la investigación privada.

Esto significa, naturalmente, que es muy poco probable que estos profesores alcancen fama mundial. Pero, cuando los profesores *son* mundialmente famosos, es inevitable que el estudiante medio tenga poco contacto con ellos. El sistema de tutorías vigente en Oxford y Cambridge constituye una excepción parcial a esto, pero en la mayoría de los grandes campus americanos el estudiante común no saca mucho provecho de la cercanía física de los grandes personajes. No se ocupan de él.

La distinta política de este *college* hace que uno se encuentre con un clima muy parecido al familiar, cosa que muchas instituciones pretenden y muy pocas consiguen. Quisiera disculparme si esta descripción parece un tópico sentimental; conozco algo de familias y *colleges*, y no encuentro mejor manera de describir lo que he hallado aquí. Espero que no se entienda esto como una afirmación de que la vida familiar sea una especie de paraíso sobre la tierra, carente de cualquier tensión o dificultad.

Sin embargo, después de haber aclarado que el cuerpo docente de este *college* está compuesto de profesores por encima de todo, tengo que enfrentarme con la siguiente paradoja: cualquiera de ellos rechazaría indignado aceptar un título semejante, (dirán que) son otros los que verdaderamente enseñan a estos estudiantes; y la mayoría de ellos, si no todos, ya han muerto.

¿Hay algo de afectación en esto? Creo que no. Una educación liberal, comprendida como estoy intentando poco a poco definirla, debe afirmar que imparte sabiduría; y sería un audaz —por no decir un arrogante o un presuntuoso— el que se declarara sabio *tout court,* cualificado para impartir su propia sabiduría a los jóvenes.

Hay, en efecto, hombres con mucha sabiduría y, en teoría, es posible que vuestro hijo o hija vayan a la universidad y reciban allí enseñanza de alguno que esté destinado a ser, después, el pensador más grande de todos los tiempos, alguien más sabio que Platón, Aristóteles, santo Tomás, Newton y Einstein juntos. Esto es posible en teoría, pero no es lo que suele suceder: tal y como está la vida, la mayoría de los profesores universitarios serán hombres un tanto mediocres. Sin embargo, nosotros no queremos que nuestros hijos reciban enseñanza de la mediocridad, pues de ella no podemos esperar mucha sabiduría.

La respuesta práctica es suficientemente clara: si la educación liberal debe impartir sabiduría, los verdaderos maestros deberán ser las grandes mentes de todos los tiempos, con las que los estudiantes se pondrán directamente en contacto a través de las grandes obras de todas las edades y culturas, más que a través de las interpretaciones y comentarios. El profesor humano de carne y hueso, quizá sabio en su medida, tendrá entonces un papel más humilde que desarrollar: será un hermano mayor, más que un padre; un compañero de estudios mayor que instintivamente preferirá el papel de guía de un seminario o grupo de discusión estudiantil al de conferenciante. Procurará allanar el camino, superar las dificultades y aportar más información a medida que se vaya haciendo necesaria, pero sin pretender ser el origen de la sabiduría, el verdadero «maestro». Sus cualidades esenciales serán la largueza y la generosidad intelectual, más que el conocimiento especializado en un campo concreto; preferirá tener un buen conocimiento básico de todas las materias del currículum del *college*, más que conocer a fondo una de ellas en detrimento de las demás.

Este concepto de la educación liberal y de la tarea del profesor en el *college* está subyacente en las diferentes versiones del «Programa de Grandes Libros», elaborado en bastantes instituciones durante estos últimos decenios. Los resultados han sido impresionantes, al menos a primera vista; es decir, que tales programas dan una excelente base para la educación liberal, siempre que su producto final se defina (simplemente) como un hombre o una mujer muy leídos.

Cierto que este objetivo está lejos de ser innoble, pero olvida algo: si no se le complementa, volverá a conducir al pobre estudiante otra vez al supermercado. Está muy bien decir que la sabiduría de nuestra cultura, y de las demás culturas, está contenida en los grandes libros y también en el amplio consenso existente sobre cuáles *son* los libros grandes. Pero estos libros dicen cosas muy diferentes. Tomemos un ejemplo claro y, quizá, límite: toda recopilación que sea buena deberá incluir *La ciudad de Dios* de san Agustín y *El capital* de Karl Marx. Los dos son grandes libros bajo cualquier punto de vista, los dos han tenido una influencia incalculable en el pensamiento y en la historia; ignorarlos significaría tener una educación enfermiza. Pero cada uno da una visión absolutamente distinta de la condición humana y de lo que se debe hacer al respecto: están en clara contradicción en un número incalculable de puntos, bien abiertamente o por implicación; si consideramos sabio a uno de ellos, tendremos que considerar al otro —si no totalmente, al menos en gran medida— una locura.

Si el estudiante es guiado y estimulado por un Programa de Grandes Libros, podrá dar importantes pasos en el camino que conduce a ser un hombre muy leído, resultado que no debe ser despreciado. Pero así, ¿en qué medida conocerá la sabiduría que da la libertad? Habrá aprendido muchas cosas sobre lo que las distintas épocas e individuos han considerado como sabiduría: tendrá una buena información sobre la historia del pensamiento. Mas, personalmente, seguirá en la tesitura del que se encuentra en el supermercado ante gran cantidad de paquetes atractivos y sin criterio para elegir entre ellos.

La respuesta convencional, por supuesto, es que, al haber aprendido a pensar y al haber tenido tantas opciones intelectuales delante, deberá ser lo suficientemente maduro como para hacer una elección responsable.

Ahora no quisiera parecer excesivamente cínico. Aunque, está claro que, teóricamente, esto podría suceder, en la práctica sucede muy raramente. Hay otros dos resultados bastante más comunes. Los accidentes circunstanciales y la psicología pueden conducir al estudiante a hacer aquello que (en última instancia) debe considerarse como una elección al azar; la alternativa es que la enorme variedad de opiniones humanas le lleven a un escepticismo de base, que le dejará prácticamente indefenso contra las violentas presiones de las modas culturales o intelectuales. Tanto en un caso como en el otro, la educación liberal habrá fracasado en su propósito de impartir la sabiduría que necesita un hombre libre y racional; y, por triste experiencia, sabemos que este es un fracaso muy común, que el licenciado será una persona todo lo leída e informada que queramos, pero esclavo de sus caprichos personales o de las tendencias del momento.

Sospecho que se necesitaría un «profesor» de un tercer tipo, además de los profesores humanos y de los maestros que se encuentran en los grandes libros: algo más que guíe a los primeros y que proporcione un criterio para evaluar a los segundos. Pero ¿qué podría ser? ¿Existe realmente una sabiduría objetiva y acabada, que sea distinta de la inmensa variedad de las opiniones humanas y que constituya un parámetro con el que puedan ser juzgadas?

Pienso que si respondemos negativamente a esta pregunta excluimos toda posibilidad de una genuina educación liberal. Pero también me parece claro que una respuesta positiva a dicha pregunta no tiene más remedio que fijar límites a la «libertad de cátedra» en lo que respecta al cuerpo docente, tal y como se entiende esta hoy en día. ¿Será algo absolutamente negativo?

La experiencia de la cena de ayer me permite aplacar en parte un tipo de temor. Me hallaba entre personas que entienden su propia libertad de cátedra de un modo insólito, supeditándola a lo que consideran fuera de toda duda como una sabiduría objetiva y lograda, un «dogmatismo» si se quiere. Algunos estarán ya sospechando que son unos fanáticos de mente estrecha. Quisiera hacer constar que no lo son en absoluto: hablan como hombres libres.

¿Qué clase de absoluto es la libertad de cátedra? Y ¿qué significa?

Podemos estar todos de acuerdo al afirmar que, en el ámbito del *college* y en el de la universidad, como en cualquier otro campo de relaciones humanas, hay muchas posibilidades de tiranía, opresión e injusticia, contra las que deben defenderse y protegerse los derechos del individuo. Pero, cuando la gente habla de «libertad de cátedra» se refiere generalmente a otra cosa. No teme solo la posible injusticia en relación al individuo; teme la obstrucción o desviación del proceso intelectual y la frustración consecuente —a cualquier escala— de la finalidad para la que existe la comunidad académica. Existe para aprender, descubrir y difundir la verdad; y esta es una tarea que solo puede emprenderse y dar frutos en una atmósfera de total libertad intelectual. Este es un argumento formidable. Su fuerza radica en el hecho de que la realidad es compleja y no puede ser aprehendida plenamente por ningún individuo. Por lo tanto, deben mantenerse abiertas todas las posibles vías que conduzcan a ella, incluso aquellas que actualmente se consideran impracticables. Cada estudioso aportará su propia contribución, su punto de vista específico, según sea su campo de acción; pero también tendrá sus prejuicios y límites, que serán corregidos y complementados por los descubrimientos de otros. Se demostrará así la esterilidad de algunas líneas de pensamiento que arrancaron confiadas; otras deberán comprobarse en cada punto y permanecerán continuamente abiertas a un cuestionamiento radical, este mismo cuestionado a su vez. Y así, en un proceso dialéctico interminable, mediante el libre y caballeroso encuentro de aproximaciones y de hipótesis diversas, surgirá progresivamente una síntesis que tendrá una relación cada vez más directa y ajustada con la realidad.

Esto se mantiene así, con una fuerza de argumentación real, pero —yo diría— claramente limitada. Cualquier planteamiento de la defensa de la libertad de cátedra en estos términos, tal como se entiende comúnmente, presupone un «modelo» de actividad intelectual que corresponde muy bien al esquema actual de algunas disciplinas, pero difícilmente al esquema de otras. Tiene una correspondencia máxima con aquellas disciplinas claramente progresivas y acumulativas en el método, sobre todo con las ciencias empíricas. Estas progresan lealmente, y lo hacen gracias a un desarrollo dialéctico que tiene necesidad real de no estar encajonado; los científicos son tan capaces como otros hombres de tener prejuicios y limitaciones, pero cada error que cometan se puede corregir con ulteriores experimentos hechos en otros lugares, a no ser que el proceso esté impedido por el autoritarismo, el dogmatismo, o el poder del *establishment* científico. (Arthur Koestler y otros han demostrado que esto puede suceder y que, a menudo, sucede.)

Así progresan las ciencias empíricas, ampliando enormemente el área de nuestro saber razonablemente cierto, reduciendo considerablemente el área de nuestra ignorancia. Pero ¿podemos afirmar algo que se asemeje remotamente en lo que respecta (digamos) a la filosofía?

No veo cómo. Tal y como se la concibe en el mundo académico, parece absolutamente irreal considerar a la filosofía como un cuerpo que vaya aumentando en conocimientos más o menos seguros, que se desarrolle permanentemente sufriendo simples correcciones de detalle. La actual situación académica muestra un cuadro totalmente distinto. Vemos un considerable número de mentes brillantes trabajando, pero en oposición radical unas con otras; asistimos a una invención constante de nuevos enfoques y nuevos métodos que se ponen muy de moda, pero que pronto vuelven a cuestionarse radicalmente. Cada año hay más libros que estudiar, pues, en este sentido, la filosofía es una materia en desarrollo: las modas cambiantes proporcionan mucho material para tesis doctorales, para la gente polémica y para todos los que aman el goce intelectual de por sí. El idealismo de Bradley estuvo de moda y después se pasó; el positivismo lógico fue una estrella ascendente que brilló y que ha caído; se había matado a la metafísica y la gente bailaba ya sobre su tumba, pero, más tarde, se la ha desenterrado furtivamente y ha vuelto a dar señales de vida. Ha sido todo muy divertido, pero ¿qué es lo que se ha añadido y a qué? Ciertamente poco y, sobre todo, a ningún *corpus* creciente de firmes certidumbres sobre el que haya un acuerdo comparable a la «explosión de conocimiento» de los científicos.

En esta situación, bastante escabrosa, la disciplina académica de la filosofía ha ido convirtiéndose en una disciplina consistente en estudiar filósofos. No es raro encontrar licenciados o doctores en este campo, que tienen vastos conocimientos sobre todo lo que ha dicho todo el mundo, desde los sofistas, pasando por Descartes, hasta Wittgenstein e incluso después; pero que son absolutamente escépticos ante los argumentos que todos estos hombres construyeron en su lucha por alcanzar una certeza.

Algunos filósofos de hoy están muy de acuerdo con esta inconcluyente conclusión: dirán que, mientras no podemos conocer la «verdad» (si es que realmente «existe»), sí podemos al menos conocer y estudiar lo que muchos hombres han pensado sobre la verdad. Pero, entonces, es oportuno preguntarse por qué tenemos que gastar tiempo en hacerlo. Si no todos, la mayor parte de los interesados, los filósofos famosos, creyeron realmente estar encontrando la verdad o, al menos, avanzando algo en su descubrimiento. Si, desde el punto de vista de nuestro actual escepticismo, declaramos que todo esto ha sido una fantasía, estaremos afirmando que toda esa gente no eran en absoluto sabios, sino unos tontos ilusos de la más egregia categoría. Entonces, el estudio de sus pensamientos y escritos solo se puede emprender con espíritu sardónico y despreciativo: se trataría simplemente de estudio de la locura humana. Como tal, puede servir sin embargo para agudizar la mente con fines serviles; como disciplina universitaria, quizá nos ayude a formar buenos programadores de computadoras e incluso algunos novelistas irónicos de afilada calidad nihilista. Yo he conocido a algunos ¡tan preparados y tan desilusionados!

Esta espinosa cuestión se afronta muy raramente, pero es necesario hacerlo. Estamos hablando de la posibilidad de una sabiduría objetiva y lograda, distinta de cualquier suposición, corazonada u opinión, y de la filosofía —que significa «amor a la sabiduría»— como medio de buscarla. A propósito de esto, estamos tratando de evaluar lo que la mayoría llama «libertad de cátedra». Bueno ¿nos ha satisfecho esta? ¿Ha dado resultados concretos? Después de décadas y siglos de actividad académica, ¿ha producido, al menos, un pequeño grano de verdad, comprobada y admitida? Si es así, los jóvenes tienen derecho a que se les diga cuál es; y, en este caso, el horizonte de la «libertad de cátedra» deberá limitarse pues difícilmente puede englobar la libertad de decir mentiras o de disimular la verdad. Pero si no es así, ¿qué validez podemos conceder a la búsqueda filosófica? ¿Cómo juzgaríamos a un químico (por ejemplo) si dijera que siempre se pueden hacer juegos divertidos en el laboratorio, pero que ello no supone ningún conocimiento químico real? ¿De qué modo pueden justificar los profesores de filosofía sus cátedras, sus salarios y sus libertades ante la sociedad? He llegado a una conclusión que quizá parezca provocadora y que corresponde bien a mi experiencia personal. La libertad de cátedra según se entiende comúnmente, es un valor real y tiene mucha importancia para determinadas disciplinas: para las ciencias, hablando en general y para otras disciplinas, en la medida en que estas tengan elementos e implicaciones científicas y se desarrollen de manera acumulativa o progresiva. Pero en lo que concierne a la filosofía —y a cualquier otra disciplina, en la medida en que tenga elementos e implicaciones filosóficas— se trata de un concepto autocontradictorio y autodestructivo, a menos que esté muy matizado. La filosofía debe ser un modo de aprender a conocer la realidad. Si no tiene este carácter se convierte en un trivial juego de palabras. Pero en la medida en que triunfe, en la medida en que la realidad vaya siendo conocida, se convierte en una limitación para nuestra libertad de pensar y enseñar lo que queramos.

Este último punto es importante. Ya he citado las palabras de Jesús, «la verdad os hará libres», y las acepto —entre otras cosas— como definición básica de lo que debe significar una «educación liberal». Pero todavía hay un sentido grosero e innoble en el que lo expuesto es más obviamente cierto aún. El ignorante es (en cierto modo) libre para pensar aquello que le parezca: el aumento de su conocimiento reducirá este tipo de libertad. Ahora, por ejemplo, yo soy «libre» de creer todo lo que me parezca bien sobre (digamos) la cirugía del cerebro o la economía de Nicaragua. Por la misma razón, también soy incapaz de *hacer* nada en ninguna de esas dos importantes cuestiones. Si decidiera informarme sobre cualquiera de las dos, el proceso conllevaría una progresiva disminución de mi actual gloriosa libertad de creer. Pero también conllevaría una progresiva liberación de mi actual ignorancia, de mi actual incapacidad para actuar. De ese modo me convertiría en hombre libre, en aspectos en los que actualmente estoy paralizado e impotente; pero, por esa libertad, deberé pagar el precio de aceptar la naturaleza determinada y objetiva de la realidad en aquellos campos, y deberé ajustar mi mente a ella. Seré más libre, en un sentido, y menos libre, en otro.

Y, así, volvemos a la gran paradoja de la libertad. Sabemos que nuestra libertad política solo puede existir bajo la ley: algo similar parece cierto en lo que se refiere a nuestra libertad intelectual y académica. Si todo está destinado a la duda perenne, entonces la mente está abocada a paralizarse, a encadenarse, a ser esclava de su propia ignorancia. Cualquier inicio de libertad de pensamiento o de acción debe depender del previo establecimiento de, al menos, un campo limitado de certeza, que naturalmente esperamos que sea —o llegue a ser— lo más grande posible. Pero la paradoja permanece. Si existe un campo así, en la medida en que aumente, deberá sacrificarse la libertad de ese tipo indeseable: no podríamos pensar a nuestro antojo sin ser deshonestos.

Tomemos esta fastidiosa paradoja desde un ángulo distinto. Si consideramos la libertad de cátedra como un absoluto, quiere decir que presuponemos un escepticismo básico: damos por descontado que contamos con la opinión de este y la intuición de aquél, pero que no hay nada verdaderamente *conocido*, ni podrá haberlo. El problema es que cualquiera que piense así, y desee que la vida académica se comporte de acuerdo con ello, asume también él una posición filosófica particular que se esfuerza en imponer a los demás. El escepticismo fundamental es, a su vez, un dogma, y un dogma muy discutible: el hecho de que ahora predomine en muchos de nuestros campus puede cegarnos para entender las dos objeciones obvias que se le pueden poner.

La primera es que se autocontradice. Esto vale para todos los escepticismos y, en particular, para el positivismo lógico al viejo estilo de la Escuela de Viena: este solo podía formularse en frases que se declaraban a sí mismas carentes de significado. Recuerdo haber leído una vez a un filósofo-fisiólogo que sostenía que la mente no podía conocer nada fuera de ella misma. Llegó a esa conclusión estudiando el cerebro y la fisiología de la percepción. Pero ¿cuál era la razón que le hacía suponer que el cerebro y el nervio óptico existen realmente?

Debemos, pues, recordar que el escepticismo sistemático degrada al universitario pretendiendo garantizarle la libertad. Si todo debe ser puesto siempre en duda, presto siempre a ser radicalmente cuestionado, entonces deja de ser un filósofo, buscador y (en alguna medida) descubridor de la verdad. Continúa siendo alguien que podemos usar para fines serviles; puede también que nos proporcione juegos de palabras y otras pequeñas diversiones. Dejémosle que haga lo que le apetezca. No es, sin embargo, un hombre tan importante como pensábamos.

El escepticismo sistemático puede, también, ser elegido por un hombre inteligente como postura filosófica personal. (No estoy completamente seguro de que pueda ser *creído*, pero dejemos eso de momento.) Ahora bien, si tomamos esa opción, la consecuencia que se deriva no es: «Puesto que tenemos tantas dudas, dejemos que toda investigación académica se realice en una atmósfera de libertad total». La consecuencia más lógica es: «Abandonemos toda investigación académica y cerremos la universidad, salvo los campos y departamentos estrictamente pragmáticos que toleran la verificación empírica a cada paso. Podemos permitir que los médicos y los ingenieros continúen trabajando; los estudios serviles pueden continuar, siempre que den resultado y cubran sus costos. Los estudios que se suponen liberales, sin embargo —aquellos que pretenden valer la pena por sí mismos, puesto que se interesan por la naturaleza y el destino del hombre y por la comprensión de la realidad, por la sabiduría—, deben considerarse desde ahora como un echar canas al aire, una válvula de escape para las fantasías personales y para el autoengaño. Pueden proporcionar a determinadas personas experiencias estéticas y actividades culturales interesantes y, a ese nivel un tanto trivial, se pueden tolerar siempre con cautela. Pero en la medida en que pretenden avanzar hacia un fin superior —sobre todo en el campo filosófico— son pura insensatez y deben desaparecer».

Si rechazamos esta conclusión práctica, tendremos que matizar nuestro escepticismo y estar de acuerdo con que la realidad puede conocerse en cierta medida; y, si no queremos que los universitarios sean mentirosos o encubridores de la realidad conocida, deberemos aceptar cierta limitación en su libertad absoluta. ¿Se convertirán, entonces, en víctimas infelices de la tiranía intelectual? ¿Se volverán unos intransigentes de mentalidad estrecha? Es posible que sucedan las dos cosas. Pero yo tengo más experiencia que la de una simple cena para poder afirmar que los peligros de ese género no son ni abrumadores ni inevitables.

V. UN CERDO ES UN CERDO

¿Qué tipo de imagen sugerirá mejor la felicidad especial que observo en estos estudiantes un tanto insólitos? Una imagen (creo) de liberación; de ahí viene el título de este libro. La mayoría de las universidades y *colleges* actuales imparten una educación excelente de tipo servil; pero, a la vez, en casi todos ellos, se les adoctrina también en el escepticismo, y esto es algo que paraliza y aprisiona el espíritu. Sin embargo, estos jóvenes estudiantes, en concreto, se han liberado.

Se podrían utilizar otras imágenes para ilustrar la condición en la que se encuentran; imágenes de alimento tras un largo ayuno, por ejemplo. Pero la imagen que se me impone ahora es la de una tierra seca y firme bajo los pies después de una larga lucha en aguas tormentosas. Pensemos que la nave naufragó y que no todos los pasajeros eran buenos nadadores; se batían por todas partes desorientados y desesperados, empujados en esta o aquella dirección según las olas, y algunos se ahogaron. Sin embargo, para los afortunados, llegó un momento que parecía un milagro. La tempestad continuaba, pero ellos ya estaban fuera de ella; Dios o la buena suerte les había arrastrado de modo imprevisto a una costa amiga. Ahora podrían obtener alimento y socorro; pero, por el momento, se concentraban en la simple delicia de tener un suelo sólido sobre el que caminar y poder orientarse.

Sin embargo, su alegría no era completa, incluso ahora: se hallaban todavía muy preocupados por los otros que estaban perdidos y desesperados en el mar cruel. Con gran sentido de la emergencia, por lo tanto, trataron de buscar el modo de aprovechar su posición más afortunada, para prestar auxilio. Quizá lo conseguirían o quizá no. Pero, al menos, estaban a salvo; y sabían que los rescatadores deben correr peligros, pero que no se ayuda a nadie que se está ahogando tirándose de nuevo al agua y sumergiéndose con él. Necesita algo más concreto y práctico que la simple solidaridad humana y la participación en la angustia existencial de la muerte. Necesita que se le saque, necesita encontrar tierra firme sobre la que poner los pies.

Ahora abundan los ambientes en los que una imagen similar sobre el proceso educativo —o sobre la actividad intelectual en general— provocaría fuerte hostilidad y grandes objeciones: como ya he anotado en más de una ocasión, el escepticismo sistemático se ha convertido (en nuestro tiempo) en algo parecido a una ortodoxia consagrada. El rechazo de una imagen a lo Robinson Crusoe, como la que he trazado, sería en parte filosófico. Todos estarían de acuerdo en afirmar que se debe salvar a la gente que está naufragando, si ello es posible. Pero se negará firme, e incluso furiosamente, la existencia forzosa —y ni siquiera la posibilidad— de alguna correspondencia con la vida del espíritu o con el conocimiento de la realidad. Aquí (dirán) *no hay* tierra seca, no hay terreno objetivamente sólido bajo los pies, que pueda ser reconocido en cuanto tal: los que están convencidos de ello se están engañando.

Pronto volveré sobre esta curiosa idea. Entretanto quisiera subrayar que el rechazo de mi imagen no sería *solo* filosófico. Puesto que me he comprometido a menudo en esta batalla particular, puedo asegurar que incluiría también elementos psicológicos y ataques *ad hominem,* e incluso elementos morales. El «dogmatismo» implícito no sería rechazado solo por erróneo; sería también rechazado como un pecado social, una especie de tiranía, que revela motivaciones nefastas y hasta patológicas en los que la propugnan. Sí, en la vida hay muchas tempestades y tensiones. ¡Si trata de arrastrar a otros a su imaginaria tierra firme, se debe exclusivamente a su oculto deseo de dominio, al desprecio de las opiniones distintas de las suyas! Solo gentes tímidas y emocionalmente inseguras, tristes casos de desarrollo bloqueado, desean la presunta seguridad de tener terreno sólido bajo los pies. Cualquiera que tenga plena madurez deberá ser capaz de aceptar con valentía la tempestad, la relatividad, la incertidumbre última de todo.

Esto es lo que se diría; yo lo he oído decir tantas veces que no soy capaz de opinar sobre la justicia de este discurso referido a mi persona.

Hay que señalar, sin embargo, que el juego de las motivaciones puede jugarse en las dos direcciones. Si queremos usar en serio la psicología, podemos aplicarla razonablemente tanto al estudio de las motivaciones de los que *desean* apasionadamente que sea cierto el dogma del escepticismo sistemático, como al de las motivaciones de sus adversarios.

No quiero hacer una acusación general y total, ni tampoco, ciertamente, a individuos concretos. Pero es verdad que se olvida con demasiada facilidad que los escritores, los universitarios y la *intelligentsia* en general, tienen un «interés» personal directo en el escepticismo. Esto no guía el pensamiento de hombres honestos, pero constituye para muchos lo que las personas religiosas llaman una «tentación»: algunos resisten a la tentación con fuerza, otros débilmente y algunos (quizá) no la resisten en absoluto. Después de todo vivimos en una sociedad permisiva: la idea de resistir a la tentación está pasada de moda.

Pero debemos considerar la naturaleza de esta tentación particular. Idealmente, al menos, el intelectual —en la universidad o en cualquier otro lugar— es una persona que por profesión busca la verdad; y también es un hombre acostumbrado a utilizar la mente. Se le paga por desplegar esa habilidad, y se divierte haciéndolo.

Una afición por la búsqueda intelectual no es sin embargo lo mismo que una sed de verdad. Las dos cosas pueden parecer iguales, pero, en lo que atañe a las motivaciones del investigador, están en total conflicto. En tanto en cuanto la verdad se alcance realmente en cualquier campo, la búsqueda —en la misma medida— se acaba. Y hasta ahí llega la particular excitación, enormemente gratificante, de la investigación.

Pensemos en la caza del zorro. Viendo correr a los jinetes y perros por las praderas inglesas en una tarde de invierno, se podría creer que *quieren* atrapar al zorro de verdad. Quizá lo deseen los perros, pero los jinetes ciertamente no; lo que les gusta es la excitación de la caza y cuando finalmente se apresa y destroza al zorro, la diversión, por el momento, ha terminado.

Esto es estupendo en el terreno de la caza, pero en el campus crea una especie de fatal esquizofrenia. ¡Cuántas veces nos hemos encontrado con esa persona culta cuya tarea profesional es ir a la caza de una verdad, pero que es tremendamente hostil a cualquier sugerencia que trasluzca la posibilidad de aprehenderla de una vez por todas! Es muy comprensible: en cuanto se alcance esa verdad, el que la busca se queda sin trabajo. El zorro está muerto. El placer de la caza ha terminado.

Sería un error insistir demasiado en este punto tan cínico. Pero todos los hombres tienen sus tentaciones particulares, que están, a menudo, ligadas a su trabajo; y se debe reconocer que el intelectual —en cuanto tal— padece la tentación crónica de cometer aquel pecado que se podría llamar anticoncepción filosófica. Quiere gozar de los legítimos placeres de la búsqueda intelectual, pero es reticente a asumir el natural producto final de dicha actividad, que es el conocimiento de la realidad. Y, por lo tanto, toma medidas —quizá de manera totalmente inconsciente— para esterilizar anticipadamente su búsqueda adoptando teorías relativistas o escépticas. El juego de los amantes puede continuar así eternamente, sin el estorbo del embarazo y el parto del niño. El cazador podrá así continuar gozando siempre de la caza, sabiendo que el zorro nunca será cogido. Pero tanto el amor como la caza no serán más que una farsa.

No sabemos hasta qué punto la *intelligentsia* es presa de esta tentación y quizá no debamos ni preguntárnoslo: es un hecho observable que a veces sí lo es y que cede a ella. Lo que hay que tener bien presente (caritativamente) es el hecho de que está *sometida* a esa tentación; que cuando se cuestiona el escepticismo sistemático, como contrario a toda posibilidad de llegar a conocer la realidad definitivamente, toma partido interesadamente, con la óptica tendenciosa de su ocupación profesional. (Hay una versión política de la misma tentación. Se ha observado a menudo que la *intelligentsia* tiene fuerte tendencia a tomar posiciones «progresistas» o de izquierda en cualquier discusión, hasta el punto de que un «intelectual conservador» parece casi una contradicción en los términos. Algunos considerarán esta tendencia como propia de mentes superiores que perciben los mayores méritos de la causa «progresista». Pero también en este caso la *intelligentsia* es parte interesada. En la medida en que se invoque un cambio revolucionario de cualquier tipo, se harán necesariamente replanteamientos; lo que dará a los intelectuales un papel y una función de primer plano. Si, por el contrario, lo que se necesita es una mayor fidelidad a alguna tradición secular, no tendrán tanto que hacer y no serán tan importantes. Un cinismo excesivo en este tema sería poco caritativo; pero la total ausencia de cinismo sería algo irreal. Los intelectuales, como tales, no son peores que el resto de nosotros. Pero su situación personal les predispone a favorecer cierto tipo de respuesta definida a una amplia gama de preguntas; y el hecho de poseer un cerebro de primer orden no es una garantía de integridad total, total objetividad y total neutralidad ante los hechos.)

¿Existe verdaderamente un terreno sólido sobre el que la mente humana pueda apoyarse con confianza justificada? Estamos de acuerdo en que existen muchas clases de certidumbre falsa o ilusoria; que hay gente que cree pisar tierra firme y de hecho se está ahogando; que la seguridad dogmática puede nacer de un deseo de dominio; que el deseo de seguridad y confianza puede ser a veces patológico. Todo esto no prueba, sin embargo, la tesis del escepticismo. Se pueden hacer acusaciones parecidas *ad hominem* también en el sentido opuesto, se puede jugar al juego de las motivaciones en los dos sentidos; y unas acusaciones y otras se anularán mutuamente, dejándonos con la pregunta objetiva que aún necesita ser considerada por sus propios méritos.

¿De qué méritos se podría tratar? Podríamos llegar hasta el infinito con hipótesis y teorías. Pero ¿podemos *conocer* verdaderamente la realidad o alguna parte de la misma, como, por ejemplo, la naturaleza y el destino del hombre? Si no podemos, me parece que la idea de educación liberal se convierte en mera ilusión. En efecto, ¿a qué quedaría reducida, con gente que parece no creer en nada, ni siquiera en la labor de sus propias mentes o en la evidencia de sus propios sentidos?

El verano pasado, dos jóvenes amigos americanos vinieron a mi casa, que está cerca de Londres, y juntos discutimos sobre toda clase de cosas. Los dos eran personas agradables y brillantes y ambos se habían graduado en *colleges* de artes liberales de mucha fama. La conversación tomó tales derroteros que, llegado un momento, armado de valor, pronuncié el dogma de Chesterton: «Un cerdo es un cerdo» y, ante esto, los dos jóvenes amigos respondieron con un huracán de contradicciones e incluso con rabia. No, yo estaba equivocado: la mente no puede conocer nada fuera de sí misma y ciertamente no puede clasificar sus experiencias en un lenguaje esencialista de porcinidad objetiva.

Y todo así. Pero pronto les llegó el momento de irse y comenzaron a preocuparse por la hora de su tren. Les hice observar, suavemente, que desde el momento en que no existía un mundo real y cognoscible en cuyo ámbito su tren pudiera tener una existencia objetiva «ahí fuera», su ansiedad estaba fuera de lugar. Esto les irritó un poco: la filosofía (me dieron a entender) era una cosa y las cuestiones prácticas de la vida cotidiana, otra.

«Entonces, ¿no creéis realmente en vuestra filosofía escéptica como para que rija vuestras vidas?».

No, era evidente que no creían en ella; y presionados por mí, admitieron que tanto para ellos como para sus profesores la filosofía se limitaba a ser un juego «verbal» y poco más, y que no pretendía alcanzar ninguna «verdad».

Sentí el perfume de la esperanza. Ya sabía que eran personas infelices, muy brillantes a nivel superficial y social, pero amargadas y alienadas en su interior, según un esquema muy extendido de amargura y alienación. Ya sospechaba desde hacía tiempo que muchas dificultades así, de naturaleza aparentemente psicológica, son de origen filosófico. Dividid vuestro espíritu en dos, una mitad discursiva y la otra mitad práctica; dadles cosas radicalmente incompatibles en las que creer: el resultado será el conflicto y la tensión interior. Demasiada gente que vive con esta dificultad va directa y rápidamente al psicoanalista más próximo: un buen profesor de lenguaje y lógica les podría ofrecer una terapia más saludable.

Con este espíritu de benevolencia clínica, rogué, pues, a la joven pareja que empezaran a ser escépticos con su propio escepticismo. ¿Podríamos discutir sobre ello? ¿Podríamos definir al menos los términos de nuestro discurso?

Pero era demasiado tarde: ya estaban a punto de marcharse hacia esa momentánea aparición en el flujo experimentado del devenir que (quién sabe por qué) insistían en considerar como algo que fuera conocido y usado, como si fuera un tren real. Y en el momento en que nos separábamos vi en su rostro la misma expresión; era una expresión inconfundible de miedo. Les había espantado.

«¿La verdad os hará libres?». He oído que los que llevan presos mucho tiempo se aterran a veces ante la libertad y, por eso, cometen enseguida otro delito para volver adentro, a lugar seguro.

No puedo demostrar que el escepticismo sistemático no sea verdadero. Nadie puede demostrar nada a no ser que se parta de unas premisas en las que se esté de acuerdo; y cualquier premisa susceptible de ser traducida en palabras también puede ser verbalmente cuestionada. Cualquier discusión puede por tanto convertirse en una regresión al infinito: un buen resultado, si nuestro mayor deseo es precisamente que dure para siempre.

Sin embargo, en muchos tipos de discusión se llega a un punto en el que la cuestión de la salud mental tiene prioridad sobre la de la verdad demostrable. Hace poco he mencionado que los problemas psicológicos podrían tener raíces filosóficas; lo contrario también puede ser verdad. Imaginemos a un hombre que jura que existe una conspiración mundial contra él y que interpreta todos los acontecimientos públicos en base a esto. Es absolutamente imposible demostrar que está equivocado y se debe admitir que, en la más estricta lógica, es posible —esto es, no comporta contradicción alguna— que exista verdaderamente una conspiración de ese género. Hágale usted tímidamente la observación de que no consigue ver el menor indicio en tal sentido, y el individuo en cuestión tendrá la respuesta preparada: «¿Piensa que esa gente trabaja a la luz del día? ¿Espera que sus agentes se dejen ver? ¡Son mucho más inteligentes que eso, se lo puedo asegurar!».

Nunca ganará usted la partida. Nunca conseguirá demostrarle que está equivocado. Pero sabemos perfectamente que estamos ante un paranoico.

Hay determinados estados patológicos —algunos permanentes, otros inducidos temporalmente por drogas, fiebre o agotamiento— en los que la mente pierde la comprensión de la realidad y se desliza hacia el vacío, de manera que todos los objetos físicos e incluso la propia percepción de uno mismo se disuelven en una terrorífica pesadilla de irrealidad y amenaza. Si me encontrara en un estado similar, a la orilla de este lago, bajo el sol de California, podría sucederme que viera a los patos bajo forma de monstruos, simios, demonios o cualquier otra cosa o que quizá no los viera en absoluto; y si los describiera de esa forma, no serían ustedes capaces de probar que estaba equivocado. Pero se darían cuenta de que me encontraba en algún estado patológico.

En nuestra época existe mucho interés, quizá morboso, por cuestiones de este tipo. En mi trabajo de crítico literario me encuentro constantemente con novelas y otros libros —sobre todo de ciencia ficción— en los que el autor prueba que tiene una poderosa imaginación esquizoide y espera que los lectores también la tengan. Muchos, en la actualidad, encuentran la locura más interesante que la normalidad; en mi opinión, esta es una mala señal de los tiempos. Esto tiene un precedente interesante. Chaucer vivió durante la gran civilización medieval y, por lo que recuerdo, no hay ninguna figura de loco en todo el *corpus* de su voluminosa obra, mientras que sí abundan los villanos. Sin embargo, cuando llegamos a ese período de tensión y ruptura que optimistamente se ha llamado Renacimiento, la literatura comienza inmediatamente a llenarse de personajes lunáticos.

No, no puedo demostrar que los patos son patos, o que los cerdos son cerdos, o que hay similitudes y diferencias entre los patos y los cerdos capaces de ser expresadas en términos verdaderos. Una prueba así no es necesaria y mucho menos posible. Las cuestiones de ese género no son de orden filosófico; requieren la presencia o ausencia de una salud mental básica, general, que haga posible la filosofía (o cualquier otra actividad coherente). He sugerido antes que determinados problemas psicológicos podrían solventarse con una intervención de tipo filosófico: quiero sugerir ahora que el escepticismo sistemático, *creído a fondo,* es una condición patológica que requiere una intervención y una ayuda de tipo psiquiátrico.

Es importante el matiz del subrayado, pues sin él me expondría a que muchos me denunciasen por difamación, ya que daría a entender que muchos famosos profesores universitarios están locos. No creo que lo estén; o, por lo menos, no con más frecuencia que otras gentes. La acusación que les hago es otra, aunque todavía me arriesgaría a un proceso si me precipitara en dar nombres. El problema no es que sean locos, sino que fingen serlo. En la sala de conferencias asumen, para sus fines, un tipo de incertidumbre que olvidan completamente cuando están en el mundo exterior de los trenes y de los patos. Si mantuvieran la misma postura y llevaran la vida corriente basándose en una *verdadera* duda epistemológica, serían vistos inmediatamente como casos psiquiátricos.

«Ser» y «conocer» son misterios, susceptibles por tanto de análisis infinitos, pero también son una realidad manifiesta del tipo más simple.

¿Por qué, entonces, hablan de otra manera tantos personajes brillantes, que no son esquizofrénicos, ni están desquiciados? Pienso que por tres razones.

En primer lugar —y en este punto simpatizo mucho con ellos— el pseudo-problema epistemológico es un juego verbal de los más fascinantes y paradójicos que conozco. Me encantan esos juegos y me entrego a ellos sin vergüenza: por ejemplo, puedo demostrar en términos algebraicos que 1 es igual a 2. También puedo demostrar que no existe nada absolutamente, cosa que logramos poniendo especial convicción con la ayuda de un par de martinis. Hacedme beber otras dos copas y probablemente llegaré a elaborar una demostración concluyente de que un pato es en realidad un cerdo. Haciendo esto podemos divertirnos de manera simpática e irresponsable. El peligro surge cuando hacemos juegos de este tipo en presencia de jóvenes que, con toda probabilidad, los tomarán en serio, sin que siempre les expliquemos formalmente que *se trata* de un juego. Mis dos jóvenes amigos fueron advertidos explícitamente en este sentido, pero ello no impidió que su educación filosófica les encadenara mentalmente.

En segundo lugar, y más seriamente, debo repetir la acusación psicológica y *ad hominem* que mencionábamos antes. El concepto de realidad efectivamente conocida es grave y pesado, e incluso alarmante, y no solo para los que se ganan la vida persiguiendo un zorro que a fin de cuentas no ha de ser nunca cogido. La duda, cuidadosamente racionalizada, alimentada y sostenida, es un magnífico mecanismo de defensa contra eso.

Y, finalmente, existe esa impresión vaga, pero persuasiva, de que expresar dudas es un signo de modestia y de democracia, mientras que se considera dogmático y dictatorial demostrar certidumbre. Pero esto nos lleva muy lejos. Entretanto, de un momento a otro, nos saldrá un matemático que dirá que no quiere ser dogmático, pero que le parece que desde diversos puntos de vista podría tener sentido indicar que $1 + 1 = 2$.

La educación es (entre otras cosas) un proceso de crecimiento: elimina la libertad infantil de la ignorancia y nos da la libertad mejor, propia del conocimiento, del adulto. Sin embargo, esto solo puede hacerlo en la medida en que el conocimiento sea efectivamente accesible; y solo puede ser «liberal», en la medida en que realmente tengamos verdadero conocimiento acerca de la naturaleza y el destino del hombre. Los patos son un buen punto de partida, pero no bastan.

De esto se deriva un principio que se aleja clamorosamente del pensamiento dominante en nuestro tiempo: a muchos les parecerá una simple paradoja y hasta una flagrante contradicción. Es el principio de que *la educación liberal debe necesariamente ser dogmática*. Tiene necesariamente que basarse en el axioma «La verdad os hará libres» y, por lo tanto, presupone que se haya captado algo con anterioridad a la verdad fundamental. Si trata de basarse en el concepto opuesto, viendo en la libertad una condición previa necesaria para la búsqueda de una verdad que aún debe ser descubierta, funcionará de manera periférica pero no alcanzará el centro. Las ciencias empíricas se podrán manejar bien, pero en las materias más profundas, comprendida la filosofía y el uso de aquellas ciencias, no habrá un criterio base para valorar la reflexión; los estudiantes, aunque estén provistos de gran erudición en cuestiones de detalle, se encontrarán fundamentalmente perdidos en el mar. Los supervivientes que se debatían entre los restos del naufragio, en la imagen evocada antes, no eran hombres libres: estaban a la merced de los vientos, de las olas y de su propio terror. Solo los que fueron arrastrados al terreno firme de la costa estaban en condiciones de hacer inventario y valorar su posición, tomar decisiones y, en general, gozar de cierta libertad.

Negar la existencia de tierra firme es negar toda posibilidad de ese tipo; el escepticismo sistemático es el enemigo de la educación liberal. Mientras prevalezca, seguiremos siendo capaces de adiestrar esclavos muy eficaces. Pero solo tendremos miserables diversiones que ofrecer a los hombres libres, o a los que esperan ser libres, o hasta a los esclavos durante sus breves horas de ocio. Tendremos mucho que decir en cuanto a los medios, pero nada en cuanto a los fines. Seremos capaces de construir puentes, pero no seremos capaces de decidir si debemos cruzar determinados puentes o no. Sabremos mantener pacientes con vida pero no sabremos decidir si la vida vale la pena ser vivida.

Mis dos jóvenes graduados en filosofía son una espléndida ilustración para este punto. Habían recibido ambos una «educación liberal», tal y como se entiende la frase comúnmente, a través de personas altamente cualificadas y en instituciones de mucha fama. Y el resultado final en ambos era una confusión espiritual de base, una «filosofía» que se resolvía en simples juegos de palabras y que no se podía tomar en serio en la vida de cada día.

Era gente agradable, aunque no especialmente feliz. Me parecieron, sin embargo, absolutamente esclavizados mentalmente, completamente a merced de influjos subracionales, tales como la moda o la tendencia del momento, la fuerte influencia de los medios de comunicación o sus propios impulsos glandulares y psicológicos.

Si volviese un nuevo Hitler, hábil en el arte de la manipulación y de la propaganda, se encontrarían sin defensas mentales frente a él. En muchos aspectos —incluido el aspecto político— su enormemente costosa «educación liberal» había sido un fracaso total. Un aldeano analfabeto podría ser mejor filósofo que ellos, alguien que amara la sabiduría más seriamente. Sabría, al menos, que los cerdos son cerdos.

Aprendiendo de él, tomemos el primero de los dos grandes dogmatismos propuestos en este libro, no como resultado de una libre búsqueda, sino como el terreno firme necesario que precisamente posibilita la libre investigación.

Se trata del dogma que afirma que un cerdo es verdaderamente un cerdo; que el escepticismo sistemático no es cierto; que la realidad es real, existe independientemente del hecho de que nosotros la podamos percibir, puede ser conocida por nosotros (dentro de ciertos límites, pero de forma cierta) y puede ser objeto de afirmaciones o predicciones que (siempre dentro de ciertos límites) pueden ser verdaderas o falsas y ser conocidas en cuanto tales.

Llamadlo dogma arbitrario si queréis; podría llamarse sentido común o salud mental. Es, con bastante certidumbre, el punto de partida necesario para cualquier libertad de espíritu que sea real y verdadera: deja de lado al juego verbal sin fin que supone la duda epistemológica, y da una base inicial en tierra firme. Sin eso no podemos pensar en absoluto.

Este punto quedó bien aclarado por G. K. Chesterton en las páginas que escribió hace mucho tiempo sobre santo Tomás de Aquino.

... Incluso aquellos que aprecian la profundidad metafísica del Tomismo en otras materias están sorprendidos de que no afronte siquiera la que hoy es considerada por muchos como la cuestión metafísica principal: la posibilidad de demostrar que el acto primero de reconocimiento de la realidad es real. La respuesta es que santo

Tomás reconocía de modo inmediato aquello que muchos escépticos modernos han comenzado a sospechar laboriosamente y con cierta dificultad: que un hombre debe dar a tal pregunta respuesta afirmativa, o no responder jamás a ninguna otra pregunta, no hacer ya preguntas, ni siquiera existir intelectualmente, tanto para responder como para preguntar. Supongo que es cierto en algún sentido que el hombre puede ser un escéptico sistemático; pero entonces no puede ser ya ninguna otra cosa: y ciertamente tampoco un defensor del escepticismo sistemático.

Se podría decir que esto es una brillante sustitución: el sentido común en lugar de la insensatez fuera de lo común que a menudo pasa por filosofía. Cierto que supone una amenaza implícita para el modo de subsistencia de muchos palabreros universitarios y, consiguientemente, podría tomarse a mal. Pero de hecho libera la mente, le permite empezar a trabajar de manera constructiva y con esperanza realista de llegar a alguna parte. La posibilidad de una educación liberal empieza aquí: este es el punto en el que empezamos a luchar, a resguardo ya de nuestra antigua impotencia en medio de los mares caóticos de la duda y de la negación.

Es, por supuesto, un dogma, en el sentido de que debe ser probado y verificado en la experiencia: no puede ser seguramente demostrado. Pero, si se quiere restaurar la educación liberal, lo primero que hay que hacer es arrinconar la antigua falacia de que «dogma» y «libertad» son términos antitéticos. No lo son. Como dice Chesterton en otro lugar, hablando siempre del dogmático dominico: «No se podrá continuar mucho tiempo ya ocultando a nadie que santo Tomás de Aquino ha sido uno de los grandes liberadores del intelecto humano».

VI. ¿QUIÉN PRETENDE SABER?

Aquí estoy de nuevo sentado a la orilla del lago y contemplando a los patos que sirvieron de punto de partida a mi discurso. En su realidad, como en la de los cerdos, ligada a ella aunque diferente, veo la principal forma de huida que la humanidad puede tener para salir de la prisión del escepticismo, nuestra principal esperanza de una educación que no sea esencialmente servil.

Sé algunas cosas sobre los patos: si los estudiase durante muchos años más y me convirtiera en un especialista en patos de fama mundial, acabaría sabiendo muchas cosas más. Entretanto, aquí y ahora, cada pato en sí mismo —distinto de los hechos que le afecten— es el objeto directo de mi conocimiento limitado pero genuino; y en este punto tengo, por primera vez, tierra firme bajo mis pies. El primer objeto de la inteligencia es la realidad, no las ideas sobre la realidad.

En este sentido básico y desesperadamente importante, la mejor manera de echar los cimientos de una educación liberal sería quizá un período prolongado de duro —e incluso esclavizado— trabajo en una granja.

Pero no se puede decir que la historia termine ahí. Admitamos que la mente pueda captar la realidad, al menos en teoría; de hecho, ¿ha ocurrido esto alguna vez, en sentido más profundo y de mayor alcance? Al hombre libre le preocupan los fines más que los medios y, por lo tanto, cuál es la naturaleza y el propósito de la existencia humana, cuestiones de las que se han dado las opiniones más diversas. Podemos hacer fácilmente que los jóvenes adquieran buena información al respecto. Pero ¿ha dado algún fruto sustancioso el largo proceso de experimentación, indagación y debate? ¿Hemos descubierto realmente algo? *¿Conocemos las respuestas* (en cualquier sentido que sea)? ¿Existe algún cuerpo de sabiduría acabada, de verdad, que se pueda transmitir a los jóvenes como liberación de la tiranía de la simple opinión y del escepticismo?

Si damos una respuesta negativa a tales preguntas, la «educación liberal» se convertirá solo en un adiestramiento para adquirir elegancia cultural; y, en una sociedad tan fragmentada como la nuestra, conservará inevitablemente su actual incoherencia, su tendencia a engendrar desilusión y amargura en los que se someten a ella. Ahora bien, mucha gente tiene abundantes prejuicios contra cualquier descubrimiento positivo al respecto, y no solo por las razones poco nobles que se sugerían en el capítulo precedente. Se sostienen de hecho múltiples opiniones sobre la naturaleza y la finalidad (si tiene alguna) de la existencia humana; a muchos les parece poco democrático elegir una de ellas y elevarla a la categoría de sabiduría acabada con su sistema conocido de respuestas, a expensas de las otras. ¿No estamos seguros de tener derecho a nuestro propio punto de vista? ¿No es cierto que la opinión de un hombre vale tanto como la de otro? ¿Por qué una minoría debe considerar sus puntos de vista como especialmente sagrados?

Cualquier escepticismo o relativismo respecto a los valores últimos puede hacerse parecer admirable si se basa en esos principios. Es una actitud humilde, a diferencia del orgullo de todos los dogmáticos; opuesta a los fanáticos, ya que demuestra largueza de espíritu; y es tolerante, en oposición a los inquisidores.

Desgraciadamente, también es autodestructiva: se ahorca con su propia cuerda. Un escepticismo así es también el dogmatismo complaciente de una minoría y, por lo tanto, no está en situación de reprender la similar complacencia de otros dogmatismos minoritarios. Lo triste es el hecho de que *cualquier* posición que se asuma sobre la realidad y la condición humana, debe tenerse bien presente que no será compartida por la inmensa mayoría. Las grandes religiones y las grandes ideologías políticas son, consideradas desde el punto de vista estadístico, puntos de vista minoritarios; y esto se puede aplicar también al escepticismo. Puede parecer deplorable afirmar: «Tenemos razón y los demás están equivocados; por lo tanto, vamos a asegurarnos de que la escena universitaria esté dominada por nuestras creencias, marginando o silenciando a las voces discrepantes». Pero la ofensa —si se la puede considerar como tal— la comete el doctrinario escéptico tanto como el católico doctrinario o el doctrinario marxista. La mayoría de la gente está en desacuerdo con él, igual que lo está con los otros. La arrogancia es una falta de la que cualquiera de nosotros puede ser culpable. Pero, si queremos expresarnos siquiera mínimamente acerca de la condición humana y el destino del hombre, debemos superar ese sentimiento neurótico de que nadie debe ser nunca cogido en un error. La gran variedad de opiniones conflictivas que luchan entre sí evidencia que muchos *están* equivocados de alguna manera o en alguna medida; y no hay nada necesariamente arrogante en pretender descubrir quién es el que está en un error. No se pide una persecución contra el hereje: el objetivo de la búsqueda debería ser la verdad en sí y por sí misma, más que la equivocación de los otros en percibirla. Pero tenemos que estar preparados para aceptar el hecho de tal equivocación y reconocerla con humildad cuando seamos cogidos en error, e incluso (cosa más difícil, quizá, en el clima actual) mantenernos complacientes cuando sea el otro quien deba retractarse.

Las personas son muy importantes, y hay que tener dulzura y respeto con sus sentimientos. Pero ni el *college* ni el campo de batalla intelectual, en general, son primordialmente una escuela de cortesía. Es más importante un fin más elevado y objetivo: la educación liberal debe hacerse cortésmente, pero solo será tal educación cuando se lleve a cabo como si lo más importante fuera la verdad.

¿Cuál es la verdad más importante? ¿Qué clase de verdad puede ser presentada como un hecho de central importancia y no como una simple opinión?

En el capítulo precedente mencioné dos grandes dogmatismos, propuestos en este libro como capaces de ofrecer juntos el único terreno firme para el espíritu, la única liberación posible de la moda, la mera impresión u opinión y, por lo tanto, la única base posible para una verdadera educación liberal. El primero de éstos consistía en un realismo básico y también un racionalismo básico. La mente puede captar de hecho la realidad: la realidad de los cerdos y de los patos, por ejemplo; no está encadenada a la duda permanente de sí misma, ni tampoco al remolino de la moda o del subjetivismo. Y razonar es algo válido: frases, afirmaciones o predicciones pueden ser efectivamente ciertas como también falsas.

Hasta aquí, quizá, nuestra argumentación sea aceptable. Pero ahora quiero proponer un segundo dogma, más controvertido todavía; y aunque haya logrado matar las aristas más irritantes de tal término, aunque haya anticipado y cohibido parcialmente la automática respuesta de hostilidad que provoca en una sociedad en la que el escepticismo está tan difundido, voy a continuar pisando ciertos pies y suscitando cuestiones que trascienden con mucho los límites de este libro.

Supongamos que estamos buscando algo que se parezca a una sabiduría acabada, una certeza lograda referente a los valores últimos. En nuestra calidad de hombres libres, nos preocupan más los fines que los medios; es decir, nos preocupa la naturaleza y el propósito de la existencia humana, y sabemos que en estas cuestiones las opiniones y el escepticismo no valen ni tres perras gordas. Pero ¿es que no hay nadie que pretenda *saber*? Y ¿con qué credibilidad?

A la primera pregunta se le puede dar una respuesta bastante fácil (creo). En el mundo actual solo existen dos dogmatismos sólidos; solo dos cuerpos de opinión importantes que pretenden ofrecer algo más que una simple opinión y que gran número de personas muy inteligentes se han tomado en serio. (Tienen muchos competidores; pero no intento ofender a nadie al decir que éstos suelen ser pequeños, locales, temporales o de naturaleza excéntrica e irracional.)

Estos dos grandes dogmatismos universales, las dos principales opciones, son: en primer lugar, el marxismo, especialmente en su versión comunista plenamente desarrollada; y, en segundo lugar, el cristianismo, especialmente en su versión católico-romana plenamente desarrollada. Ambas pretenden ciertamente conocer la respuesta. Pero ¿con qué credibilidad?

Se han discutido amplia y profundamente los pros y los contras de estos dos credos y no pretendo hacer la reseña de las diversas argumentaciones aquí. Pero, aun cuando no tengo ninguna simpatía personal por el marxismo, ni estoy de acuerdo con él, quiero dar crédito a lo que se lo merece: y me parece que si tomamos un punto de vista *bajo* de la educación liberal, esta debe considerarse floreciente en las sociedades comunistas. (Mis prejuicios son tales que veo esta como una excelente razón *a priori* para desconfiar de ese bajo punto de vista de la educación liberal.) Tales sociedades son tiránicas en múltiples sentidos; en el aspecto social, económico, político y, sobre todo, en el filosófico-religioso. Pero, a su manera, paternalista y controladora, dedican grandes esfuerzos y recursos al desarrollo del cuerpo y del espíritu en el tiempo libre. Esto es obvio internacionalmente en el campo del deporte: el atleta occidental se encuentra ante un competidor soviético que lleva una vida de ciudadano privilegiado, casi de aristócrata, sostenido por todo el entrenamiento, equipo y ayuda en general, que un Estado chauvinista puede ofrecer. Y algo similar ocurre con las artes. El «realismo socialista» en pintura es un poco divertido. Pero, aun así, en la Unión Soviética y en el ámbito de su imperio, el pintor y el poeta, el novelista y el músico son considerados como personas muy importantes, que deben ser ensalzados y estimulados por la comunidad mientras sigan la línea del partido y no den problemas. En la Inglaterra de hoy, el hecho de ser escritor me impone ciertas penalizaciones por parte del gobierno; en la Unión Soviética —mientras me conformara con la línea— mi profesión me permitiría gozar de bastantes privilegios gubernativos. Y Moscú sigue siendo la mejor ciudad del mundo para los amantes de la danza clásica.

Si se entiende la educación liberal sobre todo en el sentido cultural (que es como la entiende la mayor parte de la gente en Occidente) los marxistas pueden al menos pretender con razón ser sus amigos. Tienen su dogmatismo sobre los valores últimos. Y, en base a tal dogmatismo, favorecen un desarrollo cultural pleno de la mente a través del proceso educativo, así como un pleno desarrollo del cuerpo en el terreno de juego y en la pista de atletismo. Hasta aquí, todo es excelente.

Pero no llega muy lejos; y sería un chiste macabro pretender que aporta «liberación» en un sentido verdaderamente profundo. Probablemente es cierto que en algunos países comunistas la masa de la población está mejor alimentada hoy que en cualquier tiempo pasado, aunque esto sea resultado de la tecnología del siglo XX en general, obtenido a pesar de la ideología comunista más que por su causa. Pero el precio que se paga en términos de libertad —libertad política y libertad, también, intelectual— es altísimo. Esos países están gobernados sobre una base muy análoga a la esclavitud; y quizá sea útil recordar que, allí donde ha durado la esclavitud verdadera, el interés del propietario ha sido casi siempre mantener a su propiedad humana bien alimentada y razonablemente contenta.

El comunismo marxista afirma ciertamente conocer la

respuesta, y ser la solución final para el problema del hombre. Pero si pensamos en la verdad y en la libertad —y, especialmente, en el principio de que «la verdad os hará libres»— esta pretensión carece de toda credibilidad. Su base dogmática es (a mi modo de ver) absurda, al estar enraizada en algunas manifestaciones claramente inmaduras propias del confusionismo ochocentista; en último análisis es autocontradictorio, porque no se puede pretender que una ideología sea «verdadera» y declarar al mismo tiempo que la verdad objetiva es una de las falacias del idealismo burgués.

Si vamos a la búsqueda de una visión global del mundo que sirva de sabiduría de fondo y, por lo tanto, como base para la educación liberal, hay que rechazar el marxismo; no porque sea dogmático, sino porque es dogmático equivocadamente.

Es mi creencia que la fe cristiana de la Iglesia católica es verdadera; que ofrece, por tanto, la única liberación verdadera de la que la humanidad es capaz; y que también ofrece un fuerte apoyo al racionalismo y al realismo básicos que constituían mi primer dogma. Este es mi segundo dogma; y sostengo que es la única base sólida para una verdadera educación liberal hoy, así como lo fue para el florecimiento pleno de la educación liberal en el pasado.

Esta no es una obra apologética, y no quiero embarcarme aquí en una defensa o justificación de estas afirmaciones. Sin embargo, no vendrá mal una pequeña ampliación.

Ante todo subrayemos que la Iglesia ofrece a la humanidad su fe «católica» o fe universal como *verdadera*. Esto podría parecer demasiado obvio como para que necesite ser dicho. Pero en nuestro escéptico tiempo hay una aversión tan extendida hacia el dogmatismo —hacia la certeza y las conclusiones definitivas sobre cualquier materia de fondo— que la reivindicación principal de la Iglesia se elude o se diluye constantemente. Hay quien sostiene que no es cuestión de verdad o falsedad lo que está en juego en las afirmaciones doctrinales; que estas (dicen) son simples verbalizaciones de la experiencia religiosa, válidas para los interesados, interesantes para los demás, pero igualmente mal interpretadas tanto por quien afirma que son verdad como por quien las considera falsas. Otros, incluso algunos católicos, opinan que la fe es una sugerencia, un punto de vista, un proceso de búsqueda, cualquier cosa excepto una franca afirmación: quieren presentarla a la humanidad como algo que congenia con ella, la reconforta y resulta relevante para solucionar los problemas modernos de tipo político y social, o «significativa» en algún sentido fuertemente atractivo para la imaginación del siglo XX. La gente que opina así tiene razón en lo que afirma, pero se equivoca en lo que niega y confunde el problema. En casos particulares, la fe produce a menudo esos y otros beneficios colaterales. Pero esto es accidental; no está (por decirlo así) en el contrato; no constituye el punto clave. Lo que la Iglesia ofrece primordialmente es el hecho objetivo del camino, la verdad y la vida de Cristo; y, en nuestro actual contexto educativo, debemos poner el acento en la verdad, en la verdad que es realmente conocida, como algo distinto de la más eminente y probablemente cierta de las opiniones.

A menudo se enfatiza que la «fe» es algo más que un consenso exterior dado a unos enunciados doctrinales. Efectivamente es así. Pero es algo *más* que eso, no algo menos. Necesita sangre y corazón; pero, si debe mantenerse en pie, también necesita una estructura ósea de verdad aprendida intelectualmente. Y, puesto que la verdad en cuestión viene de Dios y no del hombre, se aprehende con un *tipo* de certeza única, que no tiene similitud con ninguna otra operación del intelecto, pero que es absolutamente defendible por las otras operaciones —lógicas, históricas, científicas, y demás— dentro de los términos de referencia de cada una. Trascendiendo todos esos métodos humanos y académicos, aunque haciendo buen uso de ellos y no negándoles en ningún punto su autonomía ni enemistándose con ellos, la Iglesia afirma que hay algunas cosas que son de un modo determinado, que algunas proposiciones doctrinales y morales son verdaderas y que negarlo sería cometer una falsedad. La fe no termina ahí, pero es ahí donde empieza.

Teniendo en cuenta la aversión actual por toda clase de dogmatismos así, no estará de más señalar que no hay arrogancia alguna en esta pretensión de ofrecer cierta verdad en contraposición a las opiniones del hombre. Determinados papas, obispos y teólogos han sido ciertamente arrogantes en su comportamiento personal de vez en cuando: son hombres y tienen sus defectos como cualquiera de nosotros. Pero su inflexibilidad dogmática al afirmar la verdad católica nunca estuvo basada en una arrogante confianza en sus propios poderes, ni en su sabiduría superior. En el mundo intelectual y académico, solemos ver, a menudo, que el escepticismo general al que me he referido coexiste con un dogmatismo particular que sí se podría en cambio considerar arrogante: se afirman cosas que tienen este código implícito: «Conocemos las respuestas pues somos personas muy inteligentes y hemos estudiado la cuestión a fondo». (Actualmente hay algunos teólogos católicos que dogmatizan libremente sobre la base de un *magisterium* autoconferido de este mismo tipo justamente.) Pero la cláusula implícita en las afirmaciones doctrinales de la Iglesia es absolutamente distinta y mucho más humilde: «Este es un mensaje que se nos ha dado para transmitirlo».

Teológicamente hablando, el papado y la enseñanza de la Iglesia en general deben considerarse en términos muy nobles. Pero el comportamiento humano correspondiente no es el de un hombre orgulloso, que se considera más sabio que ningún otro; su función es más parecida a la del humilde mensajero o el cartero. El mensaje así transmitido a nosotros es un mensaje de liberación. Cristo nos ha liberado del pecado, de que nuestras vidas tomen rumbos falsos, y por eso se le llama «el camino»; nos ha liberado de la ignorancia y del escepticismo, de la angustia existencial provocada por el miedo al salvajismo de un mundo carente de sentido, y por eso se le llama «la verdad»; y nos ha liberado de la espantosa inevitabilidad de la muerte, y por eso se le llama «la vida». Una vez más, en el contexto educativo que nos ocupa, damos más importancia a la verdad; y la primera consecuencia de la verdad católica es poder hablar con confianza justificada sobre las cuestiones últimas que nos conciernen en cuanto hombres libres.

Esta ventaja resaltará quizá con más evidencia si tratamos la cuestión en términos negativos. Supongamos que el catolicismo no sea verdad, o que no nos ha llegado todavía. No obstante, se puede adquirir una educación servil, que puede guiarnos a brillantes resultados técnicos y económicos; las actividades culturales siempre podrán paliar la esclavitud esencial de nuestra condición, y pueden incluso ser espléndidamente creativas. Pero, más allá de todo esto, estaremos en la oscuridad. Estaremos experimentando el aturdimiento del pagano en su máxima desesperación: tendremos indicios, mitos, sueños, supersticiones, pero no *sabremos* nada sobre el significado o el fin del universo, o sobre nuestra naturaleza y nuestro destino. Seremos esclavos de la carencia de sentido último de nuestra existencia, a la deriva en la oscuridad en medio de mares inexplorados. Al proporcionar terreno sólido bajo los pies, al facilitarnos el conocimiento —inalcanzable de otro modo— de quiénes somos, de adónde vamos y de porqué, el catolicismo posibilita el uso distintivo del intelecto que define al hombre libre. Sin él, la educación liberal —por muy rica y gratificante que sea en aspectos periféricos— está destinada a ser estéril y a morir en su núcleo central.

Aquí, en este *college* californiano, he hablado con muchos estudiantes que han conocido en otros campus esa esterilidad y muerte nucleares. Su feliz alivio al liberarse de todo eso ha colmado de alegría mi blando corazón de padre.

Además de la verdad y de la consecuente liberación, voy a hacer ahora una tercera reivindicación, algo pragmática, de la fe católica. Propuse como primer dogma —recordemos— cierto realismo y racionalismo básicos. Los cerdos son efectivamente cerdos y los patos son efectivamente patos: la realidad es efectivamente real y puede ser aprehendida por la mente; la razón es efectivamente válida y puede obtener resultados firmes si se utiliza adecuadamente. Se podría definir esto como el sentido común del hombre corriente.

Pero es un sentido común al que mucha gente se adhiere solo con dificultad. La joven pareja a la que me he referido antes ha sido adoctrinada con la idea de que deberían dudar de todo y poner en cuestión permanentemente, comprendidos sus propios ojos y sus propias mentes; además viven (como tantos) en la tensión propia de nuestra sociedad fragmentada y vacilante. Era comprensible que se encontraran en un estado de total confusión: sus profesores y circunstancias parecidas les han empujado durante mucho tiempo en una dirección que yo definiría de chifladura. Pero estas explicaciones son insuficientes. La negación de la razón y de la realidad no son un accidente local y pasajero del Occidente turbado de hoy día: muchas civilizaciones y religiones de gran profundidad y sutileza se han construido sobre la convicción de que todos los fenómenos percibidos son *maya* o ilusión, que toda verdad profunda debe necesariamente ser autocontradictoria. Aun cuando se admite que el universo visible sea real, en muchos casos se le considera como una forma maligna de realidad, proviniente de un creador más o menos satánico; los espíritus sensibles siempre se han atormentado con el problema del mal, y diferentes versiones de la respuesta gnóstica o maniquea a tal problema se han aceptado y abrazado por gente de países y culturas diversas durante muchos períodos, especialmente, como ha observado Jean Guitton, en períodos de especial tensión.

Es el signo de salud básica (yo diría) confiar en los propios sentidos y en el propio poder de razonamiento, dentro de los límites evidentes, y también reconocer cierta bondad ontológica en el hecho de ser así, lo que nos hace ser confiados en el universo. Pero esa básica salud mental se pierde fácilmente, presa de la tensión que experimentamos durante esta vida; y nos asaltan directamente estas religiones y filosofías que son negativas y escépticas. Sin embargo, esa salud es mantenida fuerte y directamente por el catolicismo que, en la medida en que se entiende y se vive, da un sentido tanto filosófico como psicológico al universo y salvaguarda esa precaria fe en el sentido común, en la razón y en la bondad, aun reconociendo las limitaciones, peligros y dificultades.

Este no es el beneficio mayor que concede la fe, pero es un don considerable, importantísimo para los que aspiran a ofrecer a los jóvenes una educación liberal en un momento de tensión grande. Reconocer que los cerdos son cerdos y que los patos son patos es (en cierto sentido) un punto de partida vigoroso y poco polémico para la búsqueda religiosa y filosófica. Pero en otro sentido, absolutamente nada inactual, puede convertirse en un dogma salvador y misterioso aconsejado desesperadamente por la Iglesia para los que se deslizan hacia el abismo de la locura.

Es un dato de observación bastante común que la fe católica, vivida devota y reflexivamente, constituye de por sí una verdadera educación. Yo he conocido gente que, tras un período de instrucción rudimentaria, han madurado mentalmente a causa de la fe (y normalmente por el sufrimiento también), hasta adquirir una especie de sabiduría similar a la que se suele percibir en los mejores hombres de estudio. A veces es posible incluso encontrar casos extremos, personas que podrían ser consideradas como «grandes filósofos», sin forzar indebidamente el lenguaje.

Pero siempre habrá *algún* forcejeo en el lenguaje. A mi modo de ver, el hecho de aceptar y vivir con devoción la fe católica tiene una importancia que hace que todas las demás consideraciones —las consideraciones educativas por ejemplo— parezcan relativamente triviales. No obstante, a su propio nivel, tales consideraciones tienen ciertamente su importancia. La sola fe puede educar y hacer de uno (quizá) un gran filósofo. Pero es también muy bueno ser educado y llegar a ser filósofo o amante del saber en el sentido más obvio y convencional de dichas palabras. Ambas posibilidades no están en conflicto.

En otras palabras, aunque lo primero que necesitamos sea religión, también necesitamos teología. Acabo de indicar, precisamente, que el catolicismo es la base necesaria para cualquier educación plenamente «liberal»: esta no es su primera función, pero sí es una de las buenas funciones secundarias. Ahora bien, para desarrollar satisfactoriamente esta función educativa, necesitará cierto nivel de sistematización intelectual; tendrá que ser pensado tal y como lo encontramos claramente esbozado en el Nuevo Testamento y en la vida de la Iglesia primitiva, pero que ha necesitado cierto tiempo antes de desarrollarse plenamente. Y, además de esto, necesitará una relación claramente explicitada con la filosofía y —a través de la filosofía— con todos los campos y disciplinas diversas que interesan al estudiante y a sus profesores.

Claro que este es un requisito secundario: la Iglesia existió durante bastante más de mil años sin tener un modo muy definido de resolverlo. Pero, en su momento, se encontró.

Y aquí es donde debo completar mis dos principales dogmatismos con un tercero. Ya he dicho que si se quiere que exista una verdadera educación «liberal», tendría que basarse necesariamente en la fe católica. Quiero decir ahora que sería además muy aconsejable que se basara en esa fe tal y como ha sido sistematizada en la filosofía y en la teología de santo Tomás de Aquino.

Es importante esta distinción entre necesidad y sabio consejo. En última instancia, no es esencial ser tomista si se aspira a ser católico. Durante todo un milenio los católicos vivieron, murieron y tuvieron su recompensa sin haber oído hablar del tomismo jamás; y, desde sus comienzos, la Iglesia ha permitido y estimulado cierta dosis de pluralismo filosófico y teológico, por lo que un franciscano (por ejemplo) puede formarse ahora en el ámbito de una tradición que, aunque absolutamente católica, es especialmente no tomista. La razón que pueda tener santo Tomás no es *de fide;* un católico, como católico, no está obligado a abrazar su doctrina. No obstante, la Iglesia, en su sabiduría, ha subrayado notablemente dicha doctrina. Nunca ha dicho *exactamente* que el tomismo fuera parte del depósito de la fe, lo cual no sería cierto. Pero me parece que se ha acercado a tal afirmación todo lo que teológicamente era posible.

Nos podemos preguntar si eso ha sido sabio y oportuno. ¿Entra la filosofía —en su sentido estricto y cuidadosamente distinguido de la teología— en la competencia de la Iglesia? Bueno, ciertamente entra en la competencia de los hombres preparados de la Iglesia. Y, aunque en este aspecto se puedan hacer sutiles puntualizaciones, para mí está claro que la línea seguida ha sido sabia. Tengo tres razones que no son muy teológicas para pensar así.

Ante todo santo Tomás es el más eminente filósofo del sentido común. Todos los demás grandes filósofos, al menos a partir de Descartes, han comenzado por pedirnos que creamos en algo que (a juzgar por las apariencias) es ridículo; tal como que la materia no existe o que no existe nada más que la materia, o que no se puede conocer nada fuera de uno mismo o, incluso, que el hombre no dispone de libre albedrío. Desde puntos de partida así, avanzan luego diciendo varias cosas muy inteligentes. Sin embargo, cierto aire irreal, dulcemente lunático, invade todo lo que dicen. Santo Tomás, al menos, tiene los pies sobre el sano y democrático terreno del sentido común, sobre el principio, si se quiere, de que la luz verdadera ilumina a *todo* hombre que nace en este mundo y no solo a los pocos inteligentes. Existen, sí, las ilusiones ópticas; ustedes y yo podemos ser engañados, podemos cometer errores. Sin embargo, santo Tomás tiene una fe tranquilizante en que el mundo está realmente ahí y que es, más o menos, como lo vemos; que podemos afirmar cosas verdaderas a su respecto, sacar conclusiones y alcanzar certidumbres de manera segura.

No es un autor de lectura particularmente fácil. Pero, a pesar de eso, cuanto retomamos sus escritos después de bucear en la mayor parte de la filosofía poscartesiana, es como reencontrar a la raza humana; es como despertarse de una pesadilla. A estas alturas, mis lectores ya deberían tener claro que la pesadilla en cuestión, y el proceso de despertarse y escapar de ella, son el tema principal de este libro.

Después, en segundo lugar, santo Tomás es el más eminente filósofo de la bondad del ser: el remedio, por tanto, para la actual plaga epidémica de desconfianza y negación casi maniquea con su consecuente desesperación. Ya he citado un párrafo del libro que le dedicó Chesterton: un libro profundo pero también entretenido, puesto que los dos hombres tenían algunos aspectos tremendamente similares y otros grotescamente distintos. Aunque Chesterton no es un filósofo, captó a santo Tomás y (yo creo que), fundamentalmente, porque él también había atravesado ese infierno personal de desconfianza, negación y desesperación. «Para empezar a entender la filosofía tomista, o la católica, se debe caer en la cuenta de que su elemento primero y fundamental radica enteramente en la alabanza de la Vida, en la alabanza del Ser, en la alabanza de Dios como creador del mundo. Todo lo demás viene mucho después, y está condicionado por múltiples complicaciones, como la Caída o la vocación de ser héroes». Y: «Si el morboso intelectual del Renacimiento es el que dice: 'Ser o no ser, he ahí la cuestión', el macizo doctor medieval responde con voz de trueno: 'Ser, esta es la respuesta'».

Una respuesta apropiada y perfectamente actual para muchos —para los abortistas y controladores de la natalidad, por ejemplo—, y seguro que también para los estudiantes atormentados. Santo Tomás pone el dedo en la llaga donde se origina la tasa de suicidios de los campus.

Pero permítanme que afronte su eminencia desde un tercer punto de vista, ligeramente diferente. Mucha gente, no todos católicos ciertamente, están perturbados porque la sociedad occidental moderna parece haber perdido contacto con algo que puede parecer bastante indefinible: con sus orígenes, quizá, o con sus grandes tradiciones. No todos identifican esto con la fe católica; en cualquier sentido, filosófico, cultural o educativo, es algo históricamente relacionado con esa fe pero distinto de ella. Pero el problema de formularlo en palabras es arduo: puede ser que esté en nuestro espíritu como poco más que una vaga nostalgia, como un sentimiento de que el mundo moderno ha dado en algún momento un giro terriblemente erróneo sin darse cuenta, por lo que el Occidente actual está mucho más desorientado, infeliz y desconfiado que nunca, que se ha vuelto innecesariamente vulnerable ante la barbarie, cosa que se identifica para la mayor parte de nosotros con el poder claramente dinámico del comunismo. Hemos perdido algo, pero ¿qué? Llamémosle una cierta civilización, con orígenes hebreos, griegos y romanos, que incluye algunos elementos más antiguos aún; bien, pues creo que también esto tiene su filósofo. «Estoy convencido —dice Josef Pieper— de que Tomás de Aquino, en virtud de su altruismo verdaderamente creativo, ha tenido el poder de establecer un orden intelectual con toda la enorme variedad contrapuntística de filones de tradición sumamente diversos, sin omisiones y sin violencia sistematizadora. Es una tarea que requiere un enorme poder de asimilación y una capacidad de clarificación que podemos definir de genial».

Si tienen ustedes nostalgia y quieren proteger eso que se podría llamar vagamente «tradición occidental», si quieren salvarla y transmitirla a los jóvenes de manera que resista a los más fuertes ataques intelectuales, santo Tomás es su hombre incluso aunque ustedes no sean católicos. Él sabía que hay cosas más importantes que la educación y la civilización. Pero, precisamente por eso, sigue siendo el más grande de los educadores meramente humanos, el más grande de todos los civilizadores meramente humanos.

VII. LA PALABRA «CATÓLICO»

Ayer estuve levantado hasta tarde, discutiendo sobre cantidad de cosas con media docena de estudiantes. Por lo menos hay una cosa que no ha cambiado desde que yo estudiaba en Oxford: cuanto más tarde es, el tema que se discute se vuelve más profundo y universal. A las nueve, quizá, se discute de política, comentando cualquier infamia pública aparecida en los periódicos; sobre las diez, se ha llegado a los principios de la acción política; a las once, a los principios generales del actuar humano y, para las doce, a la naturaleza de lo bueno, lo bello y lo verdadero. Antes de despedirme, al amanecer, el mismo Dios habrá sido sometido a examen. Y, ayer noche, no empezamos con política.

Ahora, mientras la luz matinal del sol levanta una ligera niebla de los prados ondulados, alzo los ojos hacia estas montañas, que me recuerdan las que rodean El Escorial, en España; y reflexiono sobre la luz que la discusión de ayer noche arroja acerca del carácter bastante excepcional de este *college*. Para empezar, naturalmente, el *college* es católico. Ya he sugerido que la educación liberal debe ser necesariamente religiosa; merece precisamente su nombre porque se preocupa de los fines más que de los medios, primero de los valores últimos y, después, de los aspectos particularmente relacionados con ellos. También he dicho que debe ser necesariamente dogmática, por dos razones complementarias. En términos subjetivos, psicológicos, los jóvenes necesitan recibir seguridad y sentir certidumbre para liberarse de la experiencia casi carcelaria del escepticismo. Pero la seguridad y certidumbre en cuestión tienen que ser objetivamente válidas, ser *verdaderas*. Organizaciones tales como la *Hitler-Jugend* de la Alemania nazi y la «Liga de los Jóvenes Comunistas» de la Rusia actual han conseguido liberar a sus miembros de la sensación de incertidumbre dándoles un sentimiento de confianza dogmática; mas esta seguridad es errónea en ambos casos, porque no da ninguna liberación —objetivamente hablando— ya que se trata de otro encarcelamiento inicuo.

Si consideramos verdadera la fe católica (cosa que, para los fines de este libro, estoy tomando como premisa o dato previo) se deduce que la educación liberal solo puede cumplirse totalmente en un *college* católico. Ahora bien, en esta era de ecumenismo quiero precisar tal afirmación, diciendo que puede lograrse un grado satisfactorio de cumplimiento en un *college* (digamos) protestante o hebreo. En el aspecto subjetivo que antes mencionábamos, se puede conseguir en la medida en que la vida y el trabajo del *college* se basen en fuertes convicciones religiosas; en el sentido más objetivo se puede conseguir en la medida en que las convicciones sean verdaderas y adecuadas. Cada una de estas condiciones se cumple parcialmente en muchísimas instituciones de este género, pero siempre —según mi experiencia— con algunas limitaciones intrínsecas. Estoy pensando concretamente en ciertos *colleges* protestantes de tipo «fundamentalista», en los que se sigue muy noblemente la idea de una educación liberal y no sin éxito, pero padecen, sin embargo, una frustración radical y una semi-esquizofrenia debido al anti-intelectualismo subyacente en materia religiosa.

No obstante, aun estando de acuerdo en todo esto, solamente hemos llegado hasta la noción familiar de un *college* católico, y un colegio con el espíritu de santo Tomás como instrumento primordial de educación. ¿Es que no hay muchos colegios así en los Estados Unidos y en otros lugares? ¿Qué hay de especial en esos lugares? ¿Me he podido enamorar de este por un capricho casual, motivado por el hecho de haberme encontrado con una compañía especialmente agradable y en un marco natural especialmente atrayente?

Una cosa está clara: no se trata de la clase de fantasía atribuible al diabólico efecto de la botella. No veo el *college* a través de la cortina dorada del perfume de un martini, pues comparte con la Marina norteamericana el horrible defecto de prohibir el alcohol. Esta es, creo, la peor cosa que puedo decir en su contra.

Hay, ciertamente, muchos *colleges* católicos en los Estados Unidos, algunos con pleno nivel universitario, otros con el estatuto de *colleges* de Artes Liberales. Existen en la mayor parte del mundo instituciones análogas. En Inglaterra no las tenemos, pero es porque el número de católicos es proporcionalmente menor y porque el sistema educativo está estructurado de manera diferente.

Aun así, se debe matizar esta afirmación. Hay que decir que no todas las instituciones que se suponen «católicas» merecen tal nombre.

Este no es el lugar para hacer un análisis completo de la actual controversia religiosa, y no quiero emitir más juicios que los que la naturaleza de mi tema requiere. Afrontaré, pues, la cuestión en términos semánticos con preferencia a los teológicos, considerando la manera más apropiada y exacta en que se debe usar el término «católico».

El lenguaje puede ser un instrumento eficaz de comunicación solo si se usan las palabras en su sentido común y público. Hay, por supuesto, muchas palabras técnicas y especializadas que el hombre de la calle entiende a medias o no entiende en absoluto; pero tales palabras son terreno común para los especialistas que las usan, y tienen sus significados definidos y acordados. Cuando esto deja de ser cierto, la comunicación resulta imposible. Si yo uso una palabra en un sentido y usted la entiende en otro, estaremos cruzando intenciones y nuestra discusión no llegará a ninguna parte. En las pequeñas cosas de cada día, estos malentendidos surgen constantemente y se solucionan con una pequeña explicación. A menudo son divertidos: concretamente, pueden darse incomprensiones cómicas por el diferente uso de las palabras en Inglaterra y en América. Sin querer, se puede dar la impresión de una vulgar indecencia. Les podría narrar cantidad de anécdotas al respecto: algunas propias de ser contadas y otras no.

Todo esto es muy divertido y da muchas posibilidades de juegos de palabras. Sin embargo, cuando una cuestión es importante, estas incomprensiones también lo son: deben evitarse, dando, si es necesario, una definición cuidada de los términos. Y, puesto que esto no se puede hacer siempre, es una responsabilidad intelectual importante usar las palabras en su sentido público y generalmente aceptado, en la medida de lo posible, y acompañarlas de una explicación cuando no lo es. Usar una palabra importante en un sentido pickwickiano que solo usted conoce —sin advertírselo al lector— oscurecerá el sentido y creará confusión.

Pues bien, la palabra «católico», como adjetivo y como sustantivo, tiene un significado público generalmente admitido que es bastante claro y que comprende dos elementos. El primero es jurídico o canónico. Se refiere a la relación formal entre un individuo y una institución visible, relación que lo distingue de un apóstata o de alguien que esté excomulgado. No me ocuparé más de este significado un tanto especializado de la palabra. Su uso mucho más común se refiere a la fe de un individuo; y, dentro de ella, se aplica en primer lugar a la aceptación de una determinada autoridad, en cuanto esta enseña con la voz de Dios y no con la de los hombres.

Ahí está el corazón del significado de la palabra. Naturalmente incluye muchas sutilezas teológicas. Fue necesario recordar a algunos católicos del pasado que la «enseñanza de la Iglesia» no coincide con «las ideas dominantes en cada momento entre los eclesiásticos»; del mismo modo es necesario recordar hoy a muchos católicos que tampoco coincide con las «ideas que están de moda entre los miembros de la *intelligentsia* que eligieron llamarse católicos». La palabra «católico» es un término objetivo mal usado por los dos grupos.

No se refiere a la mera conformidad o acuerdo con la Iglesia docente: es antitética con la idea de un individuo que llega a sus propias conclusiones y acepta entonces a la Iglesia en la medida en que está de acuerdo con él. Tampoco puede ser un término selectivo, sin caer en el absurdo lógico: no se puede afirmar a la vez «Creo que la Iglesia católica enseña con la voz de Dios» y, enseguida, «Pero no puedo seguir a la Iglesia cuando enseña tal o cual cosa». El nombre que se da tradicionalmente a dicha selectividad es el de *hairesis,* o «herejía», que *significa* precisamente selectividad y que es la palabra más claramente antitética de la palabra «católico».

Esta es una precisión semántica, no teológica: lo que se ha dicho hasta aquí es una aproximación a lo que significa la palabra «católico», en su sentido público y acordado, tanto para un ateo como para un creyente.

Otra forma de aproximación a la cuestión: es un abuso del lenguaje llamar a algo «catolicismo» —con aprobación o sin ella— a no ser que se pueda reconocer en ello la misma religión a la que se convirtió Newman, que santo Tomás exploró con tanta profundidad, que san Agustín trajo a Canterbury y que los apóstoles predicaron después del primer Pentecostés; una religión que se ha «desarrollado» (en el sentido ligeramente técnico que Newman atribuye al término) durante ese período de tiempo tan largo, pero que no ha cambiado. Es lógicamente posible que haya quien la considere falsa y, por lo tanto, la repudie; pero es importante anotar que estará haciendo exactamente lo mismo —en principio— si niega la doctrina claramente definida por la Iglesia en *algún* punto. Puede, quizá, estar de acuerdo con la Iglesia en todo lo demás.

Pero su acuerdo, en ese caso, será de tipo coincidencial o selectivo; habrá rechazado la idea central que define al catolicismo y que lo distingue de un cristianismo vago y generalizado; la idea de que la Iglesia (que no debe confundirse con los eclesiásticos que forman parte de ella) habla con la voz de Dios. No se puede eludir este problema invocando la noción de un catolicismo liberalizado, en libre evolución, completamente en libertad para rechazar su pasado y venir con ideas radicalmente nuevas, que conserve, sin embargo, el derecho de llamarse con el viejo nombre. Esto es jugar con las palabras y solo crea confusión: parte de lo que *significa* la palabra «catolicismo» es precisamente un firme rechazo de todo lo que pueda ser el pensar en esos términos, un compromiso firme en la fe específica que nos viene de los Apóstoles.

Sería posible afirmar, erróneamente (a mi modo de ver), pero sin confusión semántica, que el catolicismo se ha revelado como falso ahora y que, por lo tanto, se ha elaborado una nueva religión que lo sustituye y que comporta determinados elementos o recuerdos del catolicismo. Pero, tanto si lo aceptamos o no, esta cosa debería tener un nombre nuevo. Si ponemos la etiqueta antigua a un producto radicalmente nuevo, solamente crearemos confusión.

Hoy, la gente crea mucha confusión de este estilo, porque insiste en llamarse «católica» en un sentido privado o pickwickiano del término, cuando el sentido público y acordado del término ha cesado de serle aplicable. Solo podemos tratar de imaginarnos sus motivos para torturar el lenguaje de ese modo: la mayoría de nosotros somos bastante claros proclamando nuestras creencias y lealtades y deseamos que se las llame correctamente y que cambien de denominación si esas creencias cambian. Imagínense a alguien que fue comunista convencido. Decide, ahora, que Marx y Lenin estaban locos, que el materialismo dialéctico es un conjunto de cuestiones superadas, que la vida económica debe basarse en el libre mercado y en la búsqueda de beneficios y que el mejor gobierno es una monarquía teocrática. Después, ¿seguirá llamándose comunista, explicando (si le preguntan) que su comunismo es nuevo, puesto al día, progresista? Probablemente no, aunque el caso del doctor Ota Sik, famoso economista checoslovaco y viceprimer ministro que dejó su país cuando en 1968 entraron los rusos, sugiera que, al menos en ciertas encrucijadas, un hombre puede atravesar un período en el que intente abarcar varios caminos.

Es duro ser totalmente racional, totalmente coherente; es doloroso romper con la vieja lealtad, con viejos sentimientos, viejos amigos, viejas costumbres.

No es ningún secreto que el panorama católico está hoy día bastante perturbado, especialmente en Holanda, Francia, Canadá y Estados Unidos, sobre todo en lo que respecta a la *intelligentsia*, ya se trate de clérigos o laicos. Durante los últimos años, muchos de sus exponentes, aunque deseosos de permanecer como católicos en el sentido jurídico ya mencionado, han adquirido la costumbre insistente de decir cosas que muestran de un modo evidente que *no* son católicos convencidos. Han perdido la fe —temporalmente, esperamos— y no pueden o no quieren aceptar el hecho de haberla perdido.

Indudablemente esto será considerado —en su opinión— como un modo injusto y hasta ofensivo de plantear su caso. «No, 'no hemos perdido la fe'. La hemos reencontrado, esto es: hemos liberado a la Iglesia de un viejo estancamiento ritualista legalista, dándole un nuevo tipo de vida dinámica, una nueva relevancia para el futuro. El nuestro es el verdadero catolicismo de hoy».

Reivindicaciones más o menos de este estilo se expresan con frecuencia hoy por gente que afirma cosas absolutamente incompatibles con lo que la palabra «catolicismo» ha querido siempre decir. Además, no son realistas: lo que pretenden como la corriente principal se está manifestando abiertamente como una poza de agua estancada. Yo los encuentro, sin embargo, entretenidos; tienen ese divertido carácter absurdo de cierta clase de inversiones relativas. Como dijo un humorista al describir una discrepancia personal de opinión: «En aquel momento le golpeé salvajemente el puño con la punta del mentón». De la misma manera, cuando me pongo boca abajo (como hago a menudo) puedo pretender que estoy imitando a Atlante cuando aguantaba todo el planeta sobre sus hombros. Se *puede* describir cualquier cosa invirtiendo los términos. En cierto libro de historia, realmente cómico, venía escrito a propósito de la Reforma anglicana: «Entonces, el papa y todos sus seguidores se separaron de la Iglesia de Inglaterra».

Exactamente igual se podría decir que, durante estos últimos años, el papa y la Iglesia Universal se han separado de un pequeño grupo de intelectuales inquietos y quejumbrosos.

Ahora bien, si no somos manifiestamente frívolos, la responsabilidad semántica e intelectual exige una utilización más precaria del lenguaje. Si alguien planteara un punto de vista que comportara, como lógica consecuencia, la idea de que la Iglesia católica había malinterpretado radicalmente la religión cristiana durante casi veinte siglos, comprendidas su naturaleza y su finalidad, entonces podríamos debatir esa interpretación en su valor histórico y teológico. Pero lo que no podemos hacer, si tenemos un mínimo respeto por el lenguaje, es llamar «católico», salvo en un sentido estrictamente jurídico, a quien mantenga eso. Una especie de nostalgia personal puede hacerle mantener tal título; se lo debemos quitar con la mayor gentileza y caridad, y no porque lo diga el papa, sino porque lo dice el diccionario.

Si la verdad importa algo, entonces la comunicación de la Verdad también importa y, entonces, es muy importante usar las palabras adecuadamente. Si alguien quiere sostener que el catolicismo no es verdad, que lo haga. Pero defendamos la vieja lengua, pobre y maltrecha, contra los que la usan con privados sentidos pickwickianos exclusivamente suyos, y, sobre todo, contra el que lo hace porque busca desesperadamente algún modo de ser católico sin serlo realmente.

Pero eso no sucede solo con los individuos: también lo hacen las instituciones, especialmente las instituciones educativas, puesto que los profesores y demás intelectuales son las personas más expuestas a este tipo de riesgo. Por consiguiente, es fácil encontrar algo que se *llame* colegio católico, mientras que se ha convertido en algo sumamente difícil encontrar un *college* al que este término se le pueda aplicar *adecuadamente*.

¿Cuáles son las consideraciones a tener en cuenta para que se pueda aplicar ese adjetivo adecuadamente no ya a individuos sino a las instituciones académicas?

Aceptemos, de partida, que una persona culta debe saber algo sobre el catolicismo. Esta necesidad no tiene nada que ver con la fe. Incluso un ateo descubrirá que si ignora totalmente lo que es la fe, cómo se mantiene y cómo opera, se encontrará con un gran hándicap cuando comience a estudiar, por ejemplo, historia, literatura y arte. En el mismo sentido, yo diría que un católico culto debería saber algo sobre el hinduismo y el islamismo, así como el ciudadano responsable de hoy necesita conocer, al menos, los rudimentos del marxismo. Se podría extender más la lista de estas necesidades.

Una buena educación liberal, por lo tanto, deberá enseñar, mediante cursos instructivos o de otros modos, algo *sobre* el catolicismo, algo *sobre* el hinduismo e islamismo, algo *sobre* el marxismo, etc. Pero eso es radicalmente distinto que *enseñarnos* catolicismo, *enseñarnos* hinduismo o islamismo, *enseñarnos* marxismo, etc. Los comunistas tienen muy clara la diferencia. En las escuelas y universidades soviéticas, el marxismo no representa a los estudiantes como una opción intelectual o como una materia sobre la que se necesita tener una buena información: se les ofrece como el camino, la verdad y la vida. Se puede hablar así de una educación marxista, como algo contrapuesto a una simple enseñanza sobre el marxismo.

Una educación católica y, por la misma razón, un *college* católico, se puede definir de la misma manera. Naturalmente hará que el estudiante llegue a estar mucho más informado sobre su fe de lo que estaba antes. Pero, incluso esta importante tarea será —en cierto modo— secundaria; será una especie de subproducto de su educación *en* la fe, en el camino, en la verdad y en la vida de Cristo, por parte de una comunidad académica dedicada totalmente a esa fe, a ese camino, esa verdad y esa vida. La institución se definirá por ese compromiso; en cualquier propuesta que tienda a hacer del catolicismo una opción intelectual entre tantas, un simple conjunto coherente y plausible de opiniones recomendables para su consideración por parte del estudiante, reconocerá un reto directo a su naturaleza y a sus propósitos y, por lo tanto, a cualquier posibilidad real de una educación liberal. Una idea así nos volvería a conducir directamente a la triste cárcel del escepticismo relativista.

En un *college* que pueda llamarse «católico» con toda propiedad, la teología tendrá lógicamente una posición única en muchos aspectos.

En varios sentidos prácticos y cotidianos, será una «materia» entre las demás, que hay que estudiar en su momento y con su ritmo según el programar y por obvias razones religiosas será considerada como la asignatura más importante. Pero, aparte de esto, a nivel simplemente humano, se le atribuirá una primacía de autoridad y sabiduría sobre todas las demás.

A menudo no se presta atención a la importancia real de esto. Es un hecho que, en muchos campos profanos, el estudiante católico tiene una ventaja «injusta» sobre cualquier otro tipo de estudiante: tiene una piedra de toque de la verdad, gracias a lo cual puede evaluar con provisionalidad muchas teorías y opiniones nuevas, con enorme ahorro de tiempo. Imaginémonos que aparece una doctrina nueva en (digamos) psicología o sociología. El estudiante católico la examina y descubre que concuerda magníficamente con lo que ha dicho la Iglesia desde hace dos mil años; inmediatamente sabe que valdrá la pena examinarla con seriedad y que pueda ser que revele como un progreso importante del conocimiento. Por el contrario, quizá descubra al examinarla que se contrapone violentamente al magisterio de la Iglesia y que parece incompatible con el catolicismo: en ese caso, quizá piense que es bueno no perder de vista la nueva doctrina y seguir su desarrollo por razones de preparación para la controversia, pero sabrá que no merece la pena tomarla en consideración por sí misma. Será con el tiempo uno de los numerosos caminos cegados o calles sin salida que siembran la historia del pensamiento.

Ahora bien, los juicios de este tipo se deben hacer con cautela, especialmente por parte de los jóvenes que no saben tanto como creen saber: la compatibilidad o incompatibilidad de una nueva doctrina con el catolicismo puede ser menos absoluta y evidente que lo que pueda suponer un espíritu apresurado. Aun así, un *college* totalmente católico se asegurará de que el estudiante saque pleno provecho de la «injusta» ventaja que le da su fe.

También tendrá cuidado de no compartimentar la mente del estudiante. Si trata la fe como una especie de extra, como algo añadido a una educación que —en las materias profanas— es exactamente igual a la ofrecida por otros *colleges* laicos, en el espíritu del estudiante brotarán tensiones y conflictos, lo que será intelectualmente inoportuno y psicológicamente desastroso.

No siempre se reconoce la trascendencia de tales peligros. Los católicos ingleses tienen conciencia desde hace tiempo del prejuicio anticatólico —no siempre consciente— presente en muchos historiadores: a mí se me enseñó a estar en guardia al respecto. Pero hay muchos otros campos en los que, con menos claridad y, por lo tanto, con más peligro, las creencias dominantes tienen los presupuestos laicistas y positivistas de la mayoría de las sociedades actuales. Ni siquiera las ciencias naturales están inmunes a esta tendencia. Los hechos observables son los hechos observables. Pero la selección, disposición e interpretación de los hechos observables, y el poner el acento aquí o allá, siempre estarán influenciados —aunque sea inconscientemente— por la «actitud» mental de los que hacen ese trabajo. Esto es evidente en los libros sobre el origen del mundo, de la vida o del hombre. Libros así exponen con suficiente honestidad la evidencia de los hechos. Pero, a veces, se exponen con la óptica de alguien que tiene fuertes motivaciones para mostrar o dejar entender que la «hipótesis» de Dios no es necesaria después de todo, que las cosas se pueden explicar de otra manera sin necesidad de Él. Uno duda en acusar a los autores científicos de tal inocencia filosófica; desgraciadamente, a menudo no le dejan a uno otra salida. Un prejuicio motivado por mala información llena las páginas del libro, que pierde así toda objetividad.

Un prejuicio similar puede afectar a muchas materias; y lo hace de manera imperceptible, excepto para las mentes muy bien formadas. De aquí que pueda darse el caso de situaciones en las que, mientras las lecciones de teología se dan sobre la base de que el catolicismo es verdadero, el estudio de la mayoría de las restantes materias está viciado por un millón de sugerencias inadvertidas y minúsculas que tienden a demostrar que el catolicismo *no* es verdadero. El peligro real es la escisión de la mente del estudiante; es probable que termine por hacerse vagamente la idea de que la «verdad religiosa» y la «verdad científica» no tienen relación alguna o, quizá, estén en conflicto e, incluso, que cierta dosis de fe puede ser verdad en religión pero no en ciencia. Para santo Tomás de Aquino este tipo de esquizofrenia —personificada por Sigerio de Brabante— era la peor especie de enemigo. Para él, se trataba de un pecado contra la integridad de la mente; nosotros en esta generación, veremos también los peligros psicológicos que encierra.

Un *college* plenamente católico, que enseñe en el espíritu de santo Tomás, evitará este peligro instintivamente. No se limitará a dar a la teología una primacía honorable y una función magistral y correctiva, sino que actuará en base a los demás estudios, pues son la base de la que éstos deben partir y el único marco de referencia en cuyo ámbito pueden darse fructíferamente. Verá a la verdad como un todo único y dará al estudiante una maquinaria experimentada con la que este podrá resolver las discrepancias y contradicciones aparentes.

Pero irá más lejos todavía. Ya he mencionado el hecho de que la religión católica, vivida plena y meditadamente es, en sí misma, un tipo de educación, y además excelente. Un *college* verdaderamente católico actuará, por supuesto, en base a este principio. Pero también actuará basándose en el principio inverso.

La fe, si es algo, debe ser lo central y lo más importante de la vida: no se puede —si no se quiere caer en el absurdo y en verdadero pecado— reducirla a una especie de *hobby* para el tiempo libre, a un interés o actividad especializada para el domingo por la mañana. Toda la vida es un servicio y una búsqueda de Dios, o debería serlo; y esto vale especialmente para la vida académica e intelectual, ya que esta no es sino un servicio y búsqueda de la verdad y la «Verdad» es uno de los nombres de Dios.

Por consiguiente, si bien la religión es educativa, la educación misma debería ser una actividad fundamentalmente religiosa, un modo de venerar, y no exclusivamente cuando sus contenidos son explícitamente teológicos. Este es el presupuesto fundamental, la motivación básica de *todas* las actividades en el ámbito de un *college* íntegramente católico. Todas están orientadas hacia Dios, aunque algunas se orienten hacia Dios en persona y otras hacia Dios en Su creación humana y no humana.

Consideremos la astronomía, por ejemplo. De esta, como de muchas otras materias, podemos decir lo que una vez se expresó magníficamente acerca de la literatura griega: que... «no solo nos eleva sobre el vulgo sino que conduce a menudo a posiciones muy bien remuneradas». Se puede perdonar al estudiante si una parte de su pensamiento sigue esa línea de interés; después de todo tiene que trazarse un camino en el mundo. Pero toda la atmósfera y el clima de un *college* verdaderamente católico ejercitará una presión constante sobre él, para que vea la astronomía en términos distintos y más sublimes, como algo que encuentra su lugar culminante en el grito de alegría del salmista: *Caeli enarrant gloriam Dei, et opera manunm eius annuntiat firmamentum* —los cielos proclaman la gloria de Dios y el firmamento anuncia la obra de sus manos—.

Y así con todos los estudios; y, ciertamente, para la vida universitaria en general. La vieja noción inglesa de lo que era un *college*, en Oxford y en Cambridge, se centraba en la idea de una capilla para el culto común, una biblioteca para el estudio común y una residencia para la vida en común. Las tres cosas formaban una unidad arquitectónica y social, con una función religiosa primordial, y así el turista que las visita hoy puede ver el todo como una especie de iglesia ampliada.

Según el mismo principio, en un *college* realmente católico de nuestro tiempo, el estudiante debería poder ir de la misa matutina al refectorio para comer algo en tertulia con sus amigos, y de allí a la biblioteca o al laboratorio de física, sin tener nunca la sensación de que el tema (por decirlo así) cambia en ningún punto del proceso.

El tema es siempre Dios.

En esta era nuestra de fragmentación social y consiguiente soledad, yo personalmente pondría mucho énfasis en la importancia del *college* católico como lugar de «compañía», de comunidad cristiana vivida, de amor; y por esta razón me gustaría que fuese pequeño, una familia más que una multitud. Pero subrayaría con más fuerza aún ese concepto de la educación como actividad primordialmente religiosa, como modo de culto, unificado por tener ese carácter y ese fin en todos sus puntos. Llegaría incluso hasta lamentar la existencia de capellanes especializados. Evidentemente es necesaria una cierta presencia de sacerdotes, pero la función específica del capellán hace sentir que la religión es una especie de departamento, separado del resto de la vida y necesitado de gestión propia. Quizá en este punto soy hipersensible, pero creo que todo elemento así abre el camino hacia una fragmentación de fondo, de esa situación que hoy es tan corriente en la que se eligen al azar estudios inconexos y sin criterios globales, con la posibilidad de elegir la «religión» entre las demás materias disponibles, si sus gustos van por ahí.

Estas son, a mi juicio, las consideraciones que hay que tener en cuenta si queremos hablar en términos precisos de un «*college* católico*», que es algo distinto de un *college* en el que ocurre que haya católicos.

Pero la consideración más importante de todas es, sin duda alguna, que el adjetivo pueda ser aplicable íntegramente y con toda propiedad a los individuos en cuestión y, sobre todo, al cuerpo docente, según los criterios ya citados. No quiero decir que en un *college* católico no haya puesto para profesores protestantes o judíos, o incluso para ateos, siempre que sean reconocidos como tales y estén dispuestos a colaborar en la finalidad distintiva del *college*. Lo desastroso es nombrar profesores que se digan católicos, pero que de hecho no sean católicos creyentes.

Actualmente hay muchos profesores así; como ya he dicho, es sobre todo entre la gente culta, entre la *intelligentsia*, donde existe ese síndrome que se podría resumir de este modo: «Soy católico, naturalmente, pero...». Gente que sufre este problema no debería ser admitida en un *college* católico para enseñar a los jóvenes, si el *college* desea continuar mereciendo tal adjetivo. Deberían reclutarse solamente aquellos que aceptan plenamente la fe católica real, tal como nos es transmitida por el real *magisterium* de la real Iglesia, y quizá unos pocos que no pretenden ser católicos en absoluto.

El principio que aquí se debate es bien sencillo: en una institución consagrada al intelecto, la integridad exige que las cosas se llamen por su nombre. Cada nave debería izar su propia bandera. Cuando alguien se niega a hacerlo, se violan (como tales) los principios de toda comunidad académica, no menos que los principios de toda comunidad católica.

Un *college* católico debería pues, como medio indispensable para garantizar su autoconservación, reclutar a los miembros del cuerpo docente y fijar las condiciones de sus cátedras sobre la base de principios proclamados franca y explícitamente, que difieren enormemente de los que prevalecen en otras partes. De vez en cuando —raras veces, esperemos— tendrá que dar por terminado un contrato que, en un *college* laico, hubiera continuado.

Sentimientos vehementes pero equivocados sobre la «libertad académica» han creado una situación que hará que muchos reaccionen explosivamente, ya que son demasiadas sugerencias en la misma línea. Así que merecerá la pena desarrollar un poco más el tema.

Si uno está empleado y retribuido en calidad de profesor de teología católica tiene en realidad una materia doble. Para empezar, debe ocuparse del campo importante pero limitado de la teología natural: de la existencia de Dios y de la inmortalidad del alma y de algunos otros principios religiosos así, que pueden conocerse o sospecharse en la ausencia de una revelación. Además de esto, su programa incluye la revelación de Dios, tal y como nos la transmite la Iglesia; y, como todos sabemos, una buena labor en este campo no solo educará a los jóvenes sino que ayudará maravillosamente a la Iglesia en su necesario desarrollo doctrinal.

Pero, como cualquier otro profesor, debe creer en su propia materia, respetando su carácter objetivo y determinado. Quizá pueda tener razones personales para desear que la revelación divina sea distinta de lo que es: todos sabemos que la realidad cansa a veces. Su trabajo es, sin embargo, estudiar esa gran realidad en su objetividad determinada: no es tarea suya negarla, modificarla o distorsionarla. Si hace una de estas cosas comete un pecado contra el código académico, no menos que contra el código católico: es comparable a un científico que falsifica el resultado de un experimento irrepetible para mantener su teoría preferida, o al historiador de la literatura que destruye en secreto algún documento problemático.

¿Qué pasará, entonces, si llega a una convicción personal que sea absolutamente incompatible con la fe católica? Quizá albergue la sospecha de haberse equivocado. Si no, una integridad fundamental le exigiría dimitir de su puesto de profesor de teología católica. Naturalmente que puede adjudicarse otro título: podrá llamarse profesor de antropología comparada, o de psicología social, con especial referencia a los comportamientos verbales y mentales de los católicos romanos. Podrá hablar de la Iglesia desde fuera. Pero, según la premisa que entonces ha aceptado, se desprende que no hay revelación alguna de Dios que se transmita a los hombres a través de la Iglesia; o, en otras palabras, que la materia que hasta entonces había profesado enseñar, no existe en realidad. Pues no se trataba de «lo que los hombres dicen de Dios» y tampoco de «lo que la Iglesia enseña sobre Dios»; siempre era cuestión de «Dios, tal y como se nos ha dado a conocer a través de la Iglesia». Y, ya que ahora rechaza la premisa de que Dios pueda ser conocido de ese modo, no debe seguir como profesor de una materia que se basa en ella.

Si, por lo tanto, el *college* o la universidad o, incluso, el seminario le piden que dimita, no deben sentirse culpables de ninguna tiranía oscurantista; más bien deben considerarse defensores de los principios autónomos de la integridad intelectual y lingüística.

Pero, con las pocas excepciones que ya he mencionado, *todo* profesor de un *college* plenamente católico debe ser profesor de teología católica, directa o indirectamente. Por eso, el contrato y la cátedra de cada uno de ellos dependerá de la exactitud con que se le pueda aplicar la palabra «católico», al comienzo y a lo largo de toda su carrera docente.

Si ha entendido el quid de la cuestión, no considerará que esta sea una limitación arbitraria y paralizante, sino que la aceptará como una banalidad, casi como una tautología. Se sentirá a gusto y bien con la situación, pues si le fastidiara no debería estar allí.

Nadie parece estar fastidiado en este *college*; y, cuando pienso en la discusión de ayer, atribuyo parte de su valor al hecho que de la palabra «católico» se use aquí como lo que es, un instrumento de alta precisión y calidad. Yo soy un logomaníaco, un fanático de las palabras, y se me parte el corazón viendo cómo mucha gente las usa tan brutalmente.

VIII. LAS SIETE ARTES LIBERALES

Esta tarde he tenido un pensamiento desconcertante; era casi indecente y no sé bien cómo formularlo ahora con palabras.

Había estado en un par de clases y comido con los estudiantes y, después, di un paseo hacia el lago con tres de ellos, caminando a lo largo de una sombreada avenida. Continuamente —como siempre— mi mente seguía trabajando en su problema presente: ¿qué *es* lo que hace de especial este *college* por sus jóvenes?

El pensamiento desconcertante que se me ocurrió bajo los árboles era una respuesta parcial: *este* college *les está ayudando a ser hombres y mujeres.* Me sonrojo al usar un lenguaje tan pasado de moda, pero la cuestión está clara; y creo que es una clave importante para tratar de comprender el sentimiento de liberación que se respira aquí. Estoy aquí entre personas que han pasado por pruebas dolorosas, personas que han recibido realmente un mensaje liberador: *no es realmente necesario ser un mastuerzo, una desalmada o un patán.*

Es un mensaje verdaderamente importante, que no tiene nada que ver en absoluto con el esnobismo. Estos estudiantes no han sido reclutados de ningún seno elitista: ningún factor social, racial, sexual o económico se ha tenido en cuenta para aceptarlos en este *college*. Y el futuro que tienen ante ellos es poco probable que sea (en su conjunto) aristocrático o privilegiado. Cierto que sus mentes están siendo afinadas con suma eficiencia y esto les puede preparar para ser personas que «logren mucho»; por otro lado, la sabiduría que están aprendiendo es una que sirve para evitar toda ciega idolatría del dinero y del «éxito».

Se les está ayudando a ser mujeres y hombres en un sentido distinto y más profundo. Para empezar, yo pondría la cuestión en términos de cortesía e incluso de ceremonia. Estos estudiantes católicos se santiguan cuando pasan por delante de la capilla; son corteses; su indumentaria, aunque lejos de la que se aceptaría en una cena eduardiana, es un desafío a las leyes de-los-pelos-largos-y-porquería que se siguen tan servilmente en otros lugares.

No hay que despreciar nunca a Ceremonia: el poeta Chapman tenía razón cuando llamó así a una diosa y la representó como la defensora de la humanidad contra la barbarie y la ruina. Todas las grandes civilizaciones han reconocido este principio y han dado mucha importancia al comportamiento formal, ritual y ordenado, a las buenas maneras, a la diosa Ceremonia. Los motivos para hacerlo así no eran puramente estéticos. La imagen que el hombre tiene de sí mismo es uno de los factores determinantes de la historia y entre eso y sus esquemas de comportamiento existe una relación de causa-efecto en ambos sentidos. Es instintivo en todo hombre y en toda sociedad el mostrarse y actuar según el concepto que tienen de ellos mismos, de su naturaleza y su destino; y, a la inversa, nuestro comportamiento externo tiende siempre a modificar la imagen de uno mismo y de la sociedad que llevamos con nosotros. En la cultura secularizada de hoy, la mayor parte de la gente tiende a favorecer las pautas de comportamiento de tipo relajado, informal, «auténtico», espontáneo, descuidado, con lo que expresa *y refuerza* la bajísima visión del hombre y del destino humano que es característico de esta cultura.

Aquí, en cambio, veo también funcionando ese proceso de dos direcciones, pero en sentido opuesto. En un ambiente que se podría esperar que fuera restrictivo, por muy buena que fuera la razón, yo encuentro en cambio una especie de liberación, una exaltación y un florecimiento de lo meramente humano. Tal es la curiosa dialéctica de la libertad.

Esto no nos debería realmente sorprender. Las presuntas filosofías humanistas siempre han recortado la dimensión del hombre, convirtiéndole en algo trivial y esclavizado. Freud lo ha reducido a un cúmulo de complejos, prisionero de sus traumas infantiles; Marx lo ha reducido a un ser puramente económico, prisionero de la dialéctica de la historia; el darwinismo lo ha reducido a un mamífero especializado y nada más. Se podría añadir que, en la mayoría de los sistemas religiosos orientales, la vida del individuo es más o menos irreal o no tiene importancia.

Solo en la antigua tradición occidental y, sobre todo, en la cristiandad católica, el hombre se convierte en algo grande. Debe ser personalmente humilde; pero también debe recordar, y poner en práctica, el principio de que es un ser inmortal, hecho a imagen y semejanza de Dios y rescatado con el precio de la sangre de Dios, ciudadano de una ciudad eterna, con un destino de esplendor sin límites. Al atribuir cierto carácter formal, cortés y ceremonioso a la rutina de la vida cotidiana, está afirmando ese principio y, al mismo tiempo, reforzando su percepción a nivel personal. (Un magnífico ejemplo de esto lo tenemos en la parsimoniosa y austera dignidad de la vida en una buena abadía benedictina, como la de Fontgombault, cerca de Poitiers, en Francia. De una visita reciente a dicho lugar me llevé una impresión extraordinaria de la grandeza del hombre, reafirmada y practicada por esa comunidad de hombres preocupados únicamente de la grandeza de Dios. La paradoja es solo aparente.)

En el mundo de hoy, Ceremonia parece estar en retirada por todas partes. Incluso en el culto a Dios, hasta en algunos monasterios, su reinado está siendo atacado. Sin embargo, sigue teniendo mucha influencia: en los tribunales, en los ejércitos, en los actos públicos del gobierno; todavía hay determinadas ocasiones en las que los hombres quieren ensalzar su propia imagen.

Tradicionalmente, era una de las divinidades que reinaba en la universidad. Incluso en mis tiempos, la vida estudiantil en Oxford conservaba algunos elementos rituales o ceremoniales. La toga y el birrete de los estudiantes —versión estilizada de la túnica y birrete clericales— se llevaban normalmente. La cena diaria en el refectorio era una ocasión majestuosa: los estudiantes de los primeros años se ponían de pie cuando entraban los *Fellows* togados y, después, se rezaba una oración en latín bajo la mirada severa de los notables, ya muertos hace largo tiempo, cuyos retratos colgaban de las viejas paredes de piedra. Y estas cosas no tenían el carácter de un acto artificial y preparado; eran la estructura natural y hereditaria de la vida académica, que alcanzaba su clímax con la ceremonia casi litúrgica en la que se nos nombraba *Bachelors* o *Masters, in nomine Domini*. Y así —cualesquiera que fuesen nuestros estudios especializados, cualquiera que fuese nuestra propia locura— rendíamos homenaje a la dignidad del aprendizaje, a la grandeza de nuestra herencia.

Si las cosas dependiesen de mí, restablecería considerablemente el trono de Ceremonia en todas las universidades y *colleges*. Daría importancia especial a la cena formal en el refectorio. Es una cosa seria, algo casi sacramental, comer en común con cierta dosis de ritual; es una afirmación y un gesto significativo de la identidad colegial, de la vida corporativa, de la familia académica, y tiene una gran fuerza educativa y civilizadora. Que el refectorio sea como la capilla y la biblioteca, un lugar tan grave y bello, presidido gentilmente por Ceremonia; hay algo de brutal y bárbaro, algo incluso falso, cuando se reduce el acto de comer al consumo disperso y casual de unidades nutritivas, tragadas apresuradamente en cualquier cafetería funcional.

Quizá me haga pedir demasiado en esto la nostalgia personal. La ceremonia cuesta dinero y no siempre es aceptada, incluso por los mejores jóvenes; y tampoco pueden adquirir una antigüedad inmediata los que establecen *colleges* hoy día.

Aun así, merece alguna observancia el tal principio; y eso es lo que veo en el comportamiento cortés y decente de estos estudiantes. Ellos prueban que se puede evitar ser un mastuerzo, una desaliñada o un patán: en otros campus que he conocido, llegué a pensar que esta posibilidad era muy dudosa.

Pero también sugieren otras reflexiones ulteriores sobre la naturaleza, contenido y método de una educación que merezca ser llamada «liberal». Pienso ahora en el último estadio de la educación general de un individuo, del proceso en el que va a adquirir la madurez como ser humano libre: tengo poco que decir sobre la educación de los adolescentes en el instituto y nada sobre los estudios especializados siguientes, para alcanzar el doctorado en medicina, en leyes o en historia.

La educación liberal debe presuponer, eso sí, una buena formación escolar general y, en este punto, quisiera subrayar dos cosas.

En primer lugar, el estudiante que se embarca en una educación liberal a nivel de *college* debería tener ya cierta capacidad para pensar y un buen dominio de su propia lengua. Puede que esto parezca un requisito obvio y poco exigente. Pero algunas tendencias supuestamente «progresistas» de la educación actual —en ambos lados del Atlántico— lo han convertido en un requisito realmente embarazoso: las filosofías escépticas ya citadas, el sentimiento de que la búsqueda de excelencia es elitista y antidemocrático y de que al escolar se le debe permitir que haga «sus cosas», han creado una situación en la que muchos de los que acaban la enseñanza media tienen un vocabulario sumamente pobre y prácticamente ninguna capacidad para usar el cerebro y el lenguaje de modo adecuado. Son casi incapaces de articular su pensamiento en palabras y por escrito. No están lejos del analfabetismo.

Son víctimas de un fenómeno más amplio, al que me acerqué en un capítulo anterior. La gente dice a menudo que nuestra sociedad está corrompida, que es una cultura moribunda: generalmente resulta que están pensando en el sexo y en las drogas. Yo diría que es más grave la corrupción del lenguaje y del intelecto. Las filosofías dominantes actualmente son capaces de negar y destruir el intelecto, a no ser que se las trate rigurosamente como a un juego; junto a eso, pero independientemente, se produce en nuestro tiempo una pérdida clara del lenguaje en cuanto tal, una corrupción lingüística que (como observó George Orwell) tiene una relación directa de causa-efecto con la corrupción política y social. Si un inglés puede permitirse decirlo, Nixon dio un ejemplo perfecto de esto con sus costumbres lingüísticas en la Casa Blanca; pero nuestra propia vida pública aporta muchos ejemplos que tampoco están lejos de ser perfectos.

Sugiero dos remedios para el nivel de la enseñanza secundaria, remedios antiguos y pasados de moda, pero probados y eficaces. Como primer entrenamiento para el uso adecuado de la mente, recomiendo empezar con la geometría euclidiana y, después, seguir con las bases de la lógica formal. Y ya que se puede adquirir un buen dominio del lenguaje hablando y escuchando mucho, leyendo y escribiendo abundantemente, también es de gran ayuda el estudio intensivo del latín. No hay nada mejor para hacer que el escolar se ocupe del significado *exacto* de una palabra o de una frase: no hay mejor modo para educar en la diferencia que hay entre decir lo que se quiere decir y pronunciar sonidos vagos que indican más o menos el tipo de cosas que se tienen en la mente. El estudio de cualquier lengua extranjera o antigua producirá ese efecto, especialmente si se trata de una lengua muy conjugada, de estructura distinta del inglés; la segunda lengua en orden de elección podría muy bien ser el ruso, lengua que introducirá al estudiante en una gran literatura. Pero el estudio del latín le introducirá en una literatura más importante, de mayor relevancia por su herencia de hombre occidental y de cristiano; el latín no tiene rival como instrumento para perfilar la mente.

Que el estudiante afronte, por lo tanto, la educación liberal en el *college*, por lo menos con una facilidad inicial en el uso del lenguaje y del pensamiento. El *college* desarrollará dicha facilidad; así no tendría que empezar a partir de cero.

Aún hay un segundo requisito preliminar, que debe expresarse con términos muy cuidadosos. El peligro, la gran tentación del hombre libre es el orgullo: puede llegar a admirarse a sí mismo y a despreciar al esclavo. Y hay un peligro correspondiente que acompaña casi siempre a una plena educación liberal tal como la he descrito en estas páginas. Esta tiene que ser (entre otras cosas) una liberación del escepticismo: debe ser una educación hecha de respuestas y no solo de preguntas. Sin embargo, es algo sumamente peligroso decir a un joven inteligente que ya conoce todas las respuestas, sobre todo cuando ese joven es por naturaleza presuntuoso: muy probablemente se convertirá en un pedante orgulloso.

Desde el punto de vista espiritual y psicológico, es peligroso tener razón y saber que se tiene. Hay algunos que poseen una conciencia tan certera de este peligro que quieren hacernos admitir la incertidumbre en todos los puntos, ofreciendo solo opiniones hipotéticas sobre las cosas. Pero esto significa evadir el problema y no resolverlo: de ese modo nos sería quizá más fácil conservar la humildad personal, pero solo a costa de esterilizar todo el proceso intelectual y retomar las cadenas de la prisión del escepticismo.

Seguramente la respuesta correcta es tener una formación —espiritual y psicológica— tal como para poder alcanzar la certidumbre, amándola y proclamándola sin caer en el orgullo intelectual. Esto es, en primer lugar, un problema religioso y moral, una responsabilidad del individuo que también concierne a sus padres y pastores. Pero también concierne a la educación, y a todos los niveles. Esta debe transmitir certidumbre, en la fe y en otros muchos campos. Pero explícitamente y por implicación constante, deberá recordar continuamente que, si bien la realidad puede ser conocida parcialmente, no lo puede ser en su totalidad y siempre quedará una zona de misterio. No debe presentar el conocimiento como un ostentoso derecho de propiedad sobre la realidad: el carácter esencialmente religioso de la educación estimulará al estudiante a considerar al Creador y a Su obra con un espíritu habitual de temor, de respeto y de humildad, y a comportarse con gentileza y comedimiento.

Si se quiere que esto sucede realmente, la formación previa de nuestro estudiante deberá ser del corazón, no exclusivamente del alma y del intelecto: debe estar acostumbrado y dispuesto a dar respuesta amplia y generosa a las emociones y a la imaginación. Va a heredar la libertad de espíritu y por ello tiene que prepararse a merecerla rechazando la mentalidad servil que he ejemplificado —en un capítulo precedente— con los personajes novelescos de Hooper y de Mark Studdock. Esta es tarea que incumbe al colegio, pero también a la familia; y se consigue realizar especialmente a través de los intereses y actividades culturales que en un tiempo se llamaban «Poesía», aunque aquel sentido del término fuese mucho más amplio que el que se le atribuye hoy día.

En mi calidad de hombre de letras, yo pondría el acento en la «poesía», en su sentido más moderno y restrictivo; pero me gustaría que fuera asimilada, gozada y absorbida por la mente, más que diseccionada en la mesa de operaciones. Cantémosla a coro, con placer; cantemos también la prosa memorable y dejémosla que se hunda en el espíritu. Es mejor saber veinte buenos poemas de memoria que haber leído someramente doscientos; es mejor cantar o tocar algún instrumento, aunque sea mal, que oír la radio.

Que haya mucha lectura en solitario; que se viertan las lágrimas fáciles de la adolescencia sobre los mitos, leyendas heroicas y tragedias del mundo entero. Y que haya alguna formación en la cortesía: fundamentalmente esa formación que se adquiere viviendo entre gente cortés, pero también la que se adquiere adiestrándose en la caligrafía o en la danza, en todas las artes y ritos del vivir civilizado.

Cosas así no añaden, naturalmente, nada al contenido global de la enseñanza media: las presento con el fin de indicar someramente en qué sentido muchos jóvenes, aunque estén técnicamente cualificados para acceder a un *college* de artes liberales, están mal preparados para la libertad que allí van a tener. Aprehender la verdad es una gran cosa; pero antes se debe ser el tipo de persona a la que pueda confiarse sin problemas la verdad. El esclavo liberado que conserva un servilismo esencial en el espíritu deshonrará el nombre de la libertad.

Así preparado para recibir dignamente la liberación de la verdad, el estudiante llega al *college* pidiendo que se le dé la educación apropiada. ¿Qué forma tomará esta? ¿Cuál será su esquema?...

Lo principal (sugiero) es que *haya* un esquema, que se reconozca la existencia de una jerarquía natural o secuencia de disciplinas y, especialmente, que el problema filosófico y teológico es, desde el punto de vista lógico, anterior a cualquier otro tipo de problema educativo. Debe resolverse en primer lugar. Si no existe Dios, cualquier tipo de educación religiosa está radicalmente equivocada; pero si Dios existe, cualquier tipo de educación que no se centre en este dato conducirá al estudiante a un mundo de sueños. Aunque quisiéramos, no es posible prescindir de este dilema. Un *college* que se limita simplemente a dejar de lado la cuestión religiosa sin abordarla, enseñará a sus estudiantes que la religión es algo que puede relegarse; y lo hará de la forma más eficaz, puesto que considerará dicho dogma como algo descontado, en lugar de declararlo y defenderlo positivamente. Las cuestiones primarias tienen precedencia; hasta que no les hayamos dado respuesta es imposible que las cuestiones secundarias adquieran sentido.

Hablar en estos términos supone ciertamente desafiar el moderno sentimiento democrático que desea que todas las materias o disciplinas estén unas junto a otras al mismo nivel, en plenos términos de igualdad, como si fueran mercancías sobre las estanterías de cualquier supermercado. Ahí están, en fraternal igualdad:

«Filosofía», «Religión», «Pedagogía», «Latín», «Griego», «Matemáticas», «Arte», «Cosmética», «Chino»... cada cual tan excelente como su vecina. Usted puede licenciarse en cualquiera de estas materias o en otra multitud de ellas, y puede doctorarse en la que quiera y llegar a ser un gran experto. Y, puesto que no se puede hacer todo en una vida, el esfuerzo que requiere ser especialista en una de ellas exigirá que se preste poca atención a las demás.

La actual escena universitaria europea y americana está dominada por este concepto que podríamos llamar «La Igualdad y Autonomía Democrática de las Materias». Tiene un cierto sentido a nivel práctico: no se pueden obtener grandes resultados en ningún campo sin un alto nivel de especialización. Pero este es un principio ilusorio si no lo matizamos fuertemente: se basa en la ignorancia, estudiada o escéptica, del hecho de que *existe* una jerarquía natural o secuencia de disciplinas, que *existen* cuestiones primarias y secundarias. El no reconocer esto es la razón fundamental del actual fracaso de la educación liberal.

Esto se puede detectar en todos los campos, pero creo que resulta especialmente visible en las ciencias sociales. En Inglaterra se puede pasar directamente de la enseñanza media a un curso de licenciatura *full-time* (pongamos) en Sociología. Quizá sea esa una disciplina real. Sin embargo, es una disciplina que presupone en cualquiera de sus estudios alguna noción de lo que son los seres humanos, de cómo debería ser su vida, y de cuál es su *destino*. Y éstos son temas sobre los que hay opiniones muy diversas. Si la indagación sociológica parte de la premisa de que el cristianismo es verdadero, está asumiendo cierto tipo de patrón; si parte de que es verdadero el marxismo asume un criterio absolutamente distinto. Se pueden justificar ambos, según se crea en Jesús o en Marx. Lo que no se puede justificar, sin embargo, es una situación en la que dicha cuestión previa sea eliminada olímpicamente o se dé por sabida. Debe afrontarse; debe resolverse en primer lugar.

Lo que sucede, en realidad, es que chicos llenos de vida, amantes del fútbol y de las chicas, llegan directamente del instituto y se sientan a los pies de sus profesores de sociología sin la más mínima conciencia de los presupuestos filosóficos y teológicos (o ateológicos) que subyacen en lo que el profesor está diciendo. Presupuestos que probablemente ni siquiera han sido examinados por el propio profesor: él es sociólogo, no tiene tiempo para filosofía o teología. Y que tampoco han sido examinados seguramente por los chicos.

¡Si al menos el producto llevase la etiqueta apropiada! Podríamos imaginarnos una universidad ideal en la que un curso se llamase «Este es el aspecto que toma la sociología si se parte de premisas marxistas», y otro «Este es el aspecto que asume la sociología si se parte de premisas cristianas». Y si algún estudiante estupefacto quisiera preguntar con sentido común: «Pero ¿qué premisas son las verdaderas, las marxistas o las cristianas?», se le enviaría a un curso lógicamente previo, sobre filosofía y teología.

Debería haber pasado antes por un curso así. No tiene ningún sentido estudiar las cuestiones secundarias mientras no se haya abierto uno camino a través de las primarias. Si trata usted de hacerlo así, en lugar de una educación lo que recibirá es un lavado de cerebro, y ni siquiera se enterará de lo que está sucediendo.

Una buena educación liberal afrontará, por lo tanto, las cuestiones en su debido orden; comenzará fijando primeramente sabios principios y pasará después a los detalles. La estructura apropiada para ello se puede considerar también desde un punto de vista distinto, menos filosófico y más pedagógico.

La educación básica consiste en tres cosas: leer, escribir y hacer cuentas. En la escuela se aprenden los rudimentos de las tres. Una tarea primordial del *college* de Artes Liberales consiste precisamente en profundizar esa formación, hacer que el estudiante avance en las tres cosas con pleno rigor intelectual, hasta el límite de su capacidad. Sabe ya cómo usar el lenguaje y el cerebro en cierto modo;

ahora debe aprender a usarlos como instrumentos de precisión. El *college* debe enseñarle, por lo tanto, las tres artes iniciales: el arte de la Gramática, que toscamente podría definirse como el «arte de leer», el arte de la Retórica, que toscamente podría definirse como el «arte de escribir y de hablar»; y el arte de la Lógica, que en términos bastante menos rudos podría definirse como el «arte de pensar».

Después de lo cual (aunque, quizá, con menos urgencia) debe ocuparse de los números, de las matemáticas, y no para fines esencialmente serviles de contabilidad o de cálculo, sino para el fin religioso y liberal de percibir el orden y la belleza de la creación de Dios con otro método distinto del lenguaje. Esto lo aprenderá con disciplinas puramente matemáticas, como la Aritmética y la Geometría, para aplicarlas después a campos tan maravillosos como la Música y la Astronomía. (Estas pueden o deben incluirse entre las materias de una educación estética y cultural también; pero bajo este aspecto entran en el campo preliminar de la «Poesía» y es tarea más propia del instituto que del *college*. Con esto no quiero decir que toda preocupación estética relacionada con ellas deba terminar antes del *college*. Sería lamentable que el estudiante llegase a comprender la teoría matemática de la música pero que cesase de apreciarla; como sería igualmente triste que hiciese el camino de Ptolomeo o Einstein y olvidase con cuánta fuerza y cuánto esplendor proclama el cielo nocturno la gloria de Dios.)

Se observará que este modo particular de ordenar las materias responde a la antigua subdivisión en siete de las artes liberales: el *Trivium* de las tres artes de la palabra y el *Quadrivium* de las cuatro artes de los números. Al recomendar dicho modelo para la actual educación liberal, se me puede acusar de medievalismo romántico, de cierta hostilidad hacia el desarrollo reciente. Permítanme decir, por tanto, que ciertamente creo en el progreso del conocimiento, pero también en el principio de que, si queremos desarrollar el conocimiento, debemos hacerlo construyendo sobre fundamentos seguros previamente establecidos. (Ningún edificio alcanzará gran altura si nuestra preocupación cotidiana es demoler la parte que hemos construido la víspera.)

El Medievo no lo conocía todo; en gran cantidad de temas, un estudiante actual sabe cosas que los grandes filósofos de entonces ni siquiera sospechaban. (Como también resulta vulnerable por errores que hasta el peor de los aficionados de los filósofos de entonces hubiera evitado, y lo mismo vale para sus enseñantes.) Pero está claro que, con las siete artes liberales, nuestros antepasados elaboraron una estructura intelectual básica de una inmensa durabilidad práctica. Las ciencias y otros avances, inconcebibles para ellos, pueden incluirse en ella sin problemas, encontrando así su lugar en la jerarquía del conocimiento; en cualquier otro esquema que yo conozca o pueda imaginar, no serían más que saberes sin relación alguna, dispuestos uno junto a otro sin ningún criterio, igual que se colocan los diversos productos en un supermercado.

Es imposible enseñar todo en el curso de cuatro años de artes liberales. Pero el estudiante puede, al menos, pedir al *college* que le dé un esquema mental, un conjunto de criterios de base para juzgar las ideas y una estructura en la que puedan encajar si realmente lo merecen.

Las siete artes liberales, fortalecidas con la presencia supervisora de la fe católica, ofrecen justamente un esquema y una estructura que han resistido la prueba del tiempo y cuya validez no ha disminuido en lo más mínimo, a pesar de los numerosos descubrimientos que se han hecho desde que se formuló por primera vez. Un buen *college* de Artes Liberales debe basarse en ellas sin ningún espíritu pedante o arcaizante.

Y, sobre dicha base, elevará un templo de abundante lectura. No, no estimulará el estudio de los Grandes Libros; se preocupará del conocimiento de la realidad y, por tanto, usará los Grandes Libros como medio para ese fin. Así rendirá honor a los grandes pensadores y escritores, como Platón, Marx, Freud o Maritain, honor que no siempre reciben en las universidades. Estos autores trataron de dirigir nuestra atención hacia algo diferente de ellos mismos o de sus escritos: demasiado a menudo, los estudiantes y estudiosos actuales frustran aquella tentativa, fijándose no en lo que dice el autor sino en su persona y en el hecho de que es él quien lo está diciendo. Hasta el peor pensador merece más educación: le debemos la elemental cortesía de atender a lo que dice y juzgarlo después (quizá negativamente) según su validez.

Un buen *college* de Artes Liberales centrará, pues, su atención en los textos originales más que en comentarios, y mirará *a través* de ellos, más bien que *hacia* ellos. Quizá sea discutible el grado hasta el que deba llevarse esta política. Un hombre libre y culto tiene ciertamente necesidad de saber algo del marxismo; no es, sin embargo, tan evidente que deba sufrir leyendo *El Capital* desde la primera hasta la última página. Es posible tener cierta elasticidad en esto.

Pero el principio básico está claro. El objetivo de una educación liberal es la realidad, o la verdad, y no las diferentes cosas que los hombres han pensado sobre la realidad y la verdad, por útiles que sean como ayuda para el pensamiento. La «historia del pensamiento» tiene una importancia de tipo secundario; es una de las disciplinas especializadas que se pueden estudiar oportunamente en el nivel ulterior del doctorado. Pero tiene una importancia relativa para la educación liberal. Tomada equivocadamente, puede convertirse en un adoctrinamiento en el relativismo escéptico: tal ha dicho esto, el otro ha dicho aquello, ¿quién sabe? Pero el estudiante que lee los Grandes Libros —muchos escritos en sociedades y culturas bastante distintas de la suya— entenderá mal muchos puntos, con graves resultados, si no sabe algo del trasfondo en el que se escribieron, si no conoce las líneas maestras del pensamiento de los hombres de entonces, las ideas que se daban por seguras inconscientemente, las discusiones en que estaban embarcadas... Tome usted el *Symposium* o, para el caso, el Génesis con la «actitud» mental que trae del instituto de Londres o de Kansas

City y obtendrá una confusa noción de lo que dicen. Necesitará cierta explicación sobre el contexto.

Tras varias puntualizaciones de este estilo, comencemos a soñar con una educación que estudie la realidad con ayuda de los grandes libros, en el marco de la prudente y sabia estructura provista por las siete artes liberales y a la luz de la fe católica. Dejemos para más tarde la cuestión de las opciones y las especializaciones: nuestro campo es la amplia estructura de la realidad en general, con todos los profesores y estudiantes afrontándola por todas sus partes. Que las clases sean pequeñas e informales, tutorías o seminarios más bien que clases magistrales; que no haya lucha de los estudiantes *contra* el cuerpo docente y la administración, sino solo una comunidad o fraternidad de personas que buscan y que encuentran. Y sean el buscar y el encontrar continuos, democráticos; que Platón, Aquino, Descartes y Freud vengan a reunirse con nosotros como iguales —después de todo son solo hombres, como nosotros—, dándonos lo que pueden dar, sometiéndose como ustedes y como yo al juicio de la fe y de la razón, dispuestos a admitir que están en un error cuando se demuestre que están en un error, felices de tener razón cuando están en lo justo, y aportando todos su contribución para nuestro mejor conocimiento de lo que un hombre libre tiene el deber y el destino de conocer: Dios, en persona y en su creación.

Pero los sueños sueños son. ¿Podría funcionar una educación así?

Estoy contento de que ustedes me hayan elegido ahora para hacerme preguntas de este tipo. Hace un año podría haberles dado una respuesta bastante negativa.

IX. SUEÑO Y REALIDAD

Este libro ha sido, en gran parte, un intento de analizar la reacción sumamente positiva que me produjo la visita a una pequeña y recién fundada institución. Antes, durante mucho tiempo, tuve varios sueños y corazonadas acerca de lo que debería ser la educación liberal, al menos para algunos estudiantes afortunados si no para todos; esta experiencia ha confirmado esos sueños y corazonadas en varios aspectos y los ha completado y corregido en otros.

Pero ha hecho algo más, de quizá mayor importancia: me ha aportado una de las más sólidas pruebas empíricas de que la educación liberal, concebida en estos términos, funciona realmente.

Por eso decidí ofrecer este libro al público. El atractivo o interés de su tema podrían considerarse sumamente restringidos. Una pequeña institución tendrá obviamente un interés práctico solo para un número limitado de personas: mis reacciones personales ante él solo me conciernen a mí mismo. Un huésped debe mandar siempre una amable carta de agradecimiento al partir; pero esta raramente tendrá la longitud de un libro —aunque sea breve— y será extraño que interese a terceras personas.

Por otro lado, todos necesitamos saber qué es lo que se puede hacer en el campo de la educación y qué no se puede: es un tema de amplio interés público. Y me parece probable que si yo —o cualquier otro— presentara una pura visión o un sueño de lo que debería ser una educación liberal ideal, según las directrices trazadas en estas páginas, la reacción general sería más bien escéptica. «Sí, sí. La suya es una visión bonita. Sin embargo, es una visión y nada más. No se la puede hacer funcionar. Nunca conseguirá reunir un cuerpo docente con la unidad de propósitos que usted tiene en la mente; ni encontrará nunca estudiantes dispuestos a someterse a la rigurosa disciplina intelectual que usted propone: y no encontrará nunca padres dispuestos a pagar para que sus hijos o hijas reciban una educación tan poco práctica, y que siga unos caminos tan poco explorados y experimentados».

Dudas así tienen su fundamento; hasta hace poco, yo mismo las hubiera expresado, reconociendo una nota de fantasía en mis sueños e ilusiones. Tampoco quisiera dar a entender ahora que esas tres dificultades son irreales o poco importantes. El crítico imaginario al que acabo de citar tiene fuertes argumentos. Claro que su último punto solo es válido en un sentido limitado y relativo: el concepto y el método propuestos aquí son casi lo más experimentado y de mayor éxito en la historia de la educación. Pero muchos padres no lo saben y lo considerarán como una innovación excéntrica; y efectivamente tiene cierto carácter inexplorado y experimental en lo que concierne a su aplicación en las circunstancias modernas y con la gente actual.

Las dificultades son reales y evidentes. Pero el hecho de que puedan ser superadas en la práctica, que el sueño funcione realmente y que esté funcionando en la actualidad, es —creo— de gran importancia pública.

Tiene una importancia especial en este momento, dado que un número muy elevado de alternativas educacionales manifiestamente *no* funcionan. Como he observado en uno de los primeros capítulos, las sociedades actuales —occidentales y comunistas, también— pueden preparar un número indefinido de doctores, ingenieros, etc. de primera categoría; mientras la educación tenga como fin instruir en esas técnicas exactas aplicadas que he definido poco amablemente como «serviles», todo marcha bien. La educación liberal, sin embargo —en *cualquier* sentido del término— va muy mal. Se observa en muchos países que está produciendo una generación de semi-analfabetos, fallando por tanto en su tarea más elemental; y la situación actual de las bellas artes —en particular, el hecho de que la música pop y el *rock* sean la forma de arte predominante en nuestro tiempo, con la autoconmiseración erótica como tema fundamental— me induce a pensar que, en su ulterior papel cultural, la educación liberal tiene la batalla perdida, si es que está combatiendo en algún sentido.

La prueba más evidente es, quizá, la alienación de los estudiantes. De tiempo en tiempo la cosa se hace notar y salta a los periódicos, pero solo cuando alcanza una expresión más o menos violenta, como ocurrió en los Estados Unidos durante los años sesenta y como sucede con cierta regularidad en Francia. En la motivación de esta violencia intervienen obvios elementos políticos. Pero estas pasiones políticas florecen en el seno de un descontento más general: en todo el Occidente actual, es corriente que los estudiantes vean la parte «liberal» de su educación en términos cínicos o amargos. En el mejor de los casos, la consideran como una introducción a un pasatiempo agradable; con demasiada frecuencia la consideran como un ritual arbitrario y carente de significado que hay que superar para poder licenciarse y obtener así la calificación necesaria con vistas a un buen puesto y a un buen sueldo. Raramente es vista como una adquisición de sabiduría.

La desilusión y la alienación que se derivan de ello son la consecuencia inevitable del escepticismo sistemático que reina en la sociedad adulta. Inteligentes en lo que respecta a los medios «serviles», nosotros, los de la generación más vieja, nos hallamos irremediablemente desorientados y divididos en cuanto a los fines y valores últimos que debieran ser la preocupación específica del hombre libre; y, por consiguiente, hay una falsedad básica en cualquier pretensión que tengamos de ofrecer una educación liberal. Sin embargo, seguimos pretendiéndolo, esperando que el puro proceso educativo en sí —cualquiera que sea su contenido, o su carencia última de contenido— compensará de algún modo nuestra deficiencia y nuestra pobreza.

No es así. Nadie puede dar lo que no tiene y, en general, la vieja generación actual no puede dar aquello que la nueva está buscando. Y tampoco el gran dios Educación tiene un poder mágico que remedie la situación.

Hará falta invocar el poder de un Dios algo más grande; yo ya he aclarado que, en mi opinión, la fe católica es la respuesta al escepticismo del momento y, por lo tanto, a nuestro problema educativo en su nivel más profundo.

A mí me gustaría poder decir, por tanto, que mientras la educación liberal, en general, pasa por un mal momento, la educación liberal católica prospera y tiene confianza. Pero desgraciadamente no es esto lo que se suele encontrar.

No quiero explayarme sobre el lado negativo del tema, y ciertamente no diré cosas desagradables de personas e instituciones identificables. Tampoco quiero que el hecho fortuito de estarme concentrando en la situación americana haga pensar en una visión antiamericana; el problema existe en la mayor parte de los países. Pero es necesario decir, con toda claridad, que en los Estados Unidos el actual *college* católico de Artes Liberales pasa realmente por un mal momento y que otro tanto ocurre con las universidades católicas.

Esto se debe fundamentalmente a la tendencia que antes mencionaba: el debilitamiento y la distorsión actual de la fe en la *intelligentsia* católica. Debido a esta tendencia, se ha convertido en cosa normal —y nada excepcional— que el presunto catolicismo de muchos *colleges* y universidades sea algo muy distinto en realidad. La óptica o filosofía que domina ahora, predicada asiduamente por la mayoría del cuerpo docente y abrazada con entusiasmo por gran parte de los estudiantes, contiene ciertamente determinados elementos o recuerdos del catolicismo. Sin embargo, tiene mucho más de modernismo, escepticismo, relativismo evolucionista, existencialismo, marxismo y otros tantos «ismos» que se han puesto de moda en el mundo no católico. En la medida en que continúa siendo religiosa, la tal religión es de hecho una especie de sincretismo donde vale todo, «humanitaria» según criterios que realmente promueven una crueldad totalitaria, gnóstica en lo que tiene todavía de dimensión espiritual y totalmente compatible con la plena libertad de cada uno para seguir sus propias fantasías en toda cuestión de fe, de moral o de culto. Pero la libertad en cuestión es irreal, pues, en la práctica, es el aturdimiento esclavizante del cliente poco informado que se encuentra en un supermercado totalmente caótico —además, en un supermercado en el que poquísimos alimentos son apetitosos o nutritivos—. Se presentan en paquetes atractivos con anuncios ensordecedores. Pero la mayoría son malos, y algunos, venenosos.

Hay individuos e instituciones que resisten heroicamente; no pretendo decir que este *college* sea totalmente único en su género. Pero el panorama general es como ya he dicho. En el ámbito de la educación superior americana, se está convirtiendo en algo cada vez más irreal el aplicar el adjetivo «católico» a instituciones que hace algún tiempo se mostraban orgullosas de ello y con razón. En algunos casos, el *college* ha renunciado a tener un carácter específicamente católico, generalmente a cambio de fondos gubernativos. Esta es, al menos, una posición honrada. Pero, a menudo, el título continúa reivindicándose incluso donde ha perdido toda plausibilidad.

En esta situación, el futuro de los *colleges* «católicos» es claramente limitado. Siempre ha sido una elección algo costosa, si la comparamos —por ejemplo— con la universidad estatal. Los padres desembolsaban una suma adicional de dinero, con gusto, para que sus hijos fueran educados en un ambiente católico y según los principios católicos. Pero, puesto que tal ambiente ha desaparecido y se han abandonado los principios, no hay razón para que continúen haciéndolo. Incluso está muy justificado que dejen de hacerlo, si quieren que sus hijos conserven la fe; y muchos comienzan a darse cuenta lentamente, con las obvias consecuencias financieras para los *colleges*.

Un movimiento o tendencia que pretendía introducir nueva vida en la educación católica superior, da todos los indicios de estar introduciendo la muerte.

Hasta aquí he hablado de la versión americana de una tendencia mundial. La crisis de la fe no se limita a los Estados Unidos, como tampoco sus consecuencias en la educación superior católica; la situación que he estado describiendo encuentra su paralelo en muchos otros países, aunque con claras diferencias nacionales o regionales.

Sin embargo, hay en esta situación algunos elementos específicamente americanos que no se encuentran en otras partes.

Ya que soy extranjero debo andar con cuidado. Pero parece evidente que la enseñanza superior católica en los Estados Unidos —una empresa colosal en su momento y que hasta hace poco parecía sólida y duradera— padecía desde el principio una debilidad fatal, a causa de la situación en que se encontraba la comunidad católica en América. Desde el siglo XIX, los católicos americanos han padecido en general fuertes presiones para conformarse, al menos externamente, con los valores dominantes de su sociedad. Se trataba de una sociedad fundamentalmente protestante y ya bastante próspera; muchos de los católicos habían llegado como pobres inmigrantes, distintos desde el punto de vista étnico, y consecuentemente tenidos en poca estima por alguna gente; y eran considerados claramente como sospechosos en cuanto a su lealtad hacia los Estados Unidos. Pues ¿no debían felicidad suprema a un soberano extranjero, el obispo de Roma, dada su calidad de católicos romanos? ¿No se habían visto obligados a hacer fuertes reservas mentales cuando se naturalizaban y, después, cada vez que pronunciaban el Juramento de Fidelidad? Una vez ya americanos y orgullosos de serlo, se resintieron de esas sospechas, quizá por una incómoda conciencia de fondo de que en este punto había un problema real que siempre perduraría; y entonces, no solo para autoprotegerse, hicieron enormes esfuerzos por mostrarse americanos cien por cien, agitaron la bandera con más valentía que los demás y pronunciaron el Juramento de Fidelidad con más orgullo.

Su psicología, y bastantes aspectos de su comportamiento, acabaron por diferenciarse claramente de la de sus correligionarios de Inglaterra. Cualquier católico inglés recuerda en sus propios huesos los siglos de persecución: sus héroes populares inmediatos —Moro, Fischer, Campion y los demás— son hombres que murieron (hablando técnicamente) como traidores a su país: en su espíritu y en sus instituciones particulares, el sistema educativo de los católicos ingleses era el de un movimiento clandestino o de resistencia. Sus pecados y locuras pueden ser igual de grandes que las de cualquiera, pero nunca se les ocurrirá identificarse sin reservas con el «mundo» tal y como está, con el orden secular de su propio país. Este sentimiento de formar parte de un grupo distinto, esa especie de oposición, se está quizá debilitando hoy; pero ese debilitamiento tiene una estrecha relación con la versión inglesa del debilitamiento general de la fe que mencionábamos antes. El católico inglés, si es fuerte en la fe, mira con desconfianza y prevención al mundo que le rodea. No tiene una confianza especial en el gobierno británico, pues mató a demasiados de sus antecesores católicos como para merecerla; y si ahora hace algo vistosamente inicuo —como la legalización del aborto, por ejemplo— se entristecerá, pero ni en lo más mínimo se sentirá «extrañado» o sorprendido.

Para bien o para mal —para bien y para mal, yo diría— su contrapartida americana está en una situación opuesta. Viajo mucho por los Estados Unidos y encuentro por todas partes una alta correlación entre la fuerza de la fe y la confianza patriótica en el orden secular del país. Una consecuencia de esto fue el *shock*, la sorpresa, el trauma que sufrieron los buenos católicos con la decisión de la Corte Suprema que autorizaba el aborto. No era solo el hecho penoso y triste del pecado, al que todos los cristianos están acostumbrados; lo que les transtornó fue el espectáculo de evidente iniquidad que se aprobaba formalmente en base a la Constitución, documento en el que creían poder confiar sin reservas.

Este punto del contraste se podría ampliar. Su interés para el tema que tratamos radica en que los católicos americanos tenían fuertes motivos para conformarse y ser exactamente igual que los demás americanos, con su impopular religión reducida a la vida y a la práctica privadas, y hacer que su educación superior fuera sencillamente como cualquier otro tipo de educación superior, con el simple añadido de la fe. En el sistema elaborado a partir de esas premisas se podía, por supuesto, enseñar filosofía y teología católicas, y, de hecho, se enseñaban admirablemente y se les daba un papel de supervisión, de tipo sapiencial o magistral. Sin embargo, raramente se las consideraba como la base sobre la que se debía construir *toda* la educación liberal. Se empaquetaban junto a ella y se esperaba que la influyeran. Pero casi siempre se consideraban como algo distinto de ella.

El resultado era una división del espíritu del estilo al que me he referido en un capítulo precedente, cosa que sucedía en el plano intelectual y también (si esta es la palabra correcta) en el ideológico. El *college* enseñaba la fe católica con una mano (por decirlo así), mientras que, con la otra, educaba a los jóvenes por medio de ideas, textos y métodos elaborados por otros, a partir de presupuestos netamente no católicos y que tenían muchos puntos en conflicto intelectual con la fe. Y, de la misma manera, presuponía que la ideología de la educación liberal secular —sus valores, fines y orientaciones— podían aceptarse y jugar un papel exactamente igual en una educación liberal católica, limitándose a otorgar solamente una presencia supervisora a la Iglesia y a la fe. Antes y después de la clase, se recitaba una plegaria y eso era todo. Se daba por descontado que, en muchos o en casi todos los campos, la clase sería exactamente igual a la que hubiera sido sin plegaria y sin que Dios existiera en absoluto.

Efectivamente, el *college* católico intentaba ser aceptado jugando al juego educativo del mundo, en casi los mismos términos fijados por el mundo, con la «religión» añadiendo aquí y allá un toque correctivo, pero permaneciendo más bien como telón de fondo, como un extra privado y personal sin relaciones estrechas con la educación en cuanto tal. Pocas veces se hizo alguna tentativa de proyectar una educación que comenzase con la fe y terminase en la fe, y que fuera dirigida y juzgada por ella en todos los puntos, tanto en el laboratorio de física como en el aula de teología. Cualquier tentativa en este sentido hubiera sido un reto explícito al «mundo», y (en la práctica) al «mundo americano»; hubiera habido mucha dificultad en lanzar psicológicamente un reto así, pues hubiera tenido un aire vagamente antipatriótico, vagamente antiamericano, y la comunidad católica estaba fuertemente motivada para no dar ninguna impresión de ese género.

Yo no comparto la óptica de los que consideran la versión americana del «mundo» como eminentemente mala y merecedora de una denuncia más-que-calvinista en todos los puntos. (Esta es una opinión que abunda ahora en muchos campus poscatólicos: la gente tiene tendencia a irse de un extremo al otro.) Y tampoco quiero que la gran diferencia existente entre los dos lados del Atlántico, de la que acabo de hablar, se interprete como que nosotros tenemos mayor sabiduría; la educación superior católica en Inglaterra ha evitado el error y la división mental de la que estoy hablando, pero lo ha hecho a través del simple método de no existir.

Ahora bien, tomar en serio la cristiandad católica comporta necesariamente una ruptura radical con el «mundo», una alternativa radical al «mundo», cualquiera que sea la forma local en que este se presente; necesidad que tiene serias consecuencias para la educación.

Una cierta resistencia a afrontar directamente el problema ha hecho que la educación superior católica en América se haya debilitado de manera imprudente al jugar un doble juego, como si fuera posible de algún modo, y en este sector especialmente, permanecer con Cristo e irse (para casi todo) con los que están claramente contra Él. Así debilitada, dividida entre corazón y cabeza, no estaba en condiciones de hacer frente a las fuertes tensiones de los años sesenta y primeros setenta. En gran medida, y a todos los efectos significativos, ha dejado, pues, de funcionar en el reciente período.

Pasa igual que con un montón de hojas muertas: los grises restos en descomposición del otoño precedente se pueden aún ver en la primavera. Pero en el seno de la Iglesia, el esquema de muerte y resurrección del Fundador cobra vida constantemente: y si miramos más de cerca al abundante gris, veremos cómo apuntan aquí y allá minúsculos capullos verdes.

Si Cristo es realmente el gran y único Liberador, si efectivamente el mundo es sin Él una prisión y una esclavitud, consecuentemente cualquier verdadera educación liberal deberá estar orientada hacia Él *en todos los puntos,* y dirigida en *todos los puntos* por la fe de Su Iglesia. Necesariamente, entonces, lanzará un reto explícito al mundo en todas sus versiones y particularmente al mundo académico e intelectual. Reconocerá ciertamente la excelente labor desarrollada en muchos campos por pensadores no católicos e incluso ateos, y hará pleno uso de ella. Pero lo hará con cautela: este tipo de trabajo debe ser sometido a juicio y encontrar ciertas desconfianzas iniciales, que desaparecerán normalmente en poco tiempo. Y continuamente deberá recordar y afirmar que su objetivo es radicalmente distinto —no solo marginalmente diferente— del de cualquier otra clase de educación liberal. En todos los casos el producto final que se pretende es el hombre libre, el *liberalis* educado. Pero el significado de esa expresión difiere radicalmente según se acepte o se rechace la noción católica del estado de esclavitud o servidumbre en el que nace el hombre y de la libertad a la que la verdad (con la gracia) le puede conducir.

Se puede formular la cuestión en términos muy simples, por lo tanto. Una educación liberal genuina debe estar basada en la verdad objetiva y final de la fe católica, y en una aplicación sin titubeos de la fe a todas las cuestiones que surgen en el ámbito del proceso educativo.

Mi tarea y mi finalidad en este libro es atestiguar que una educación liberal, concebida en estos términos, libera efectivamente. Y no solo en el sentido espiritual y ultraterreno, que es el más importante, sino en una infinidad de sentidos inmediatos, personales y humanos. Puedo decir que funciona.

Especialmente genera felicidad; y quisiera concluir, como había comenzado, hablando sobre ello. Si yo fuese un gran teólogo, un gran filósofo, o siquiera un hombre muy bueno, sin duda hubiera comenzado y concluido con una nota más alta. Pero, si verdaderamente Dios es nuestro Padre, entonces las consideraciones de un padre no pueden dejar de tener su importancia y dignidad; y fue precisamente con la ansiedad de un padre como afronté toda esta cuestión, al ser profundamente consciente de la alienación y tensión que sufren hoy muchos jóvenes, y de la tendencia a agudizar eso en lugar de aliviarlo que tiene la educación en los *colleges* universitarios. Todavía se desarrolla un buen trabajo en muchas instituciones y la capacidad de adaptación de la juventud hace que la tensión sea menos desastrosa de lo que podía parecer a primera vista: Oxford sigue siendo un lugar apacible y gratificante para los estudios, y también he encontrado alegría y sabiduría en muchos campus americanos. Sin embargo, sigue siendo cierto que un malestar y una desorientación profunda afligen a gran parte de la educación liberal del Occidente actual y, además de que el conjunto de la sociedad se empobrece, los jóvenes son los primeros en sufrirlo.

Aquí, en este *college* del que mañana me debo despedir con mucho pesar —sin olvidar un afectuoso adiós para los patos del lago— los jóvenes están aliviados de esa clase de sufrimiento. Su vida no es exactamente fácil: se espera de ellos un trabajo duro, abstracto en gran parte y, por lo tanto, difícil. Pero se aplican a ello con dedicación y entusiasmo, como harían los prisioneros que cavan laboriosamente un túnel hacia la libertad.

Representan una gran esperanza para el futuro, un ejemplo que debiera seguirse ampliamente y, si se me permite expresarlo, llevan un mensaje especialmente importante para una nación cuyo texto más sagrado habla de la felicidad como de algo a lo que se puede *aspirar.*

Existe otro texto sagrado que dice: «Buscad, en primer lugar, el Reino».